Troubles envahissants du développement:

Guide de stratégies psychoéducatives

2. Enfants verbaux

Troubles envahissants du développement:

Guide de stratégies psychoéducatives

2. Enfants verbaux

Suzanne Mineau
Audrey Duquette
Katia Elkouby
Claudine Jacques
Ann Ménard
Paméla-Andrée Nérette
Sylvie Pelletier

Éditions du CHU Sainte-Justine
Centre hospitalier universitaire mère-enfant

Catalogage avant publication de Bibliothèque et Archives nationales du Québec et Bibliothèque et Archives Canada

Vedette principale au titre:

Troubles envahissants du développement: guide de stratégies psychoéducatives: enfants verbaux

Comprend des réf. bibliogr.

ISBN 978-2-89619-117-8

1. Enfants atteints de troubles du développement. 2. Enfants atteints de troubles du développement - Éducation. 3. Développement, Troubles du, chez l'enfant. I. Mineau, Suzanne.

RJ506.D47T762 2008 618.92'8588 C2007-942328-0

Illustration de la page couverture: Marion Arbona

Diffusion-Distribution au Québec: Prologue inc.
en France: CEDIF (diffusion)
Daudin (distribution)
en Belgique et au Luxembourg: SDL Caravelle S.A.
en Suisse: Servidis S.A.

Éditions du CHU Sainte-Justine
3175, chemin de la Côte-Sainte-Catherine
Montréal (Québec)
H3T 1C5
www.chu-sainte-justine.org/editions

ISBN 978-2-89619-117-8

Dépôt légal : Bibliothèque et Archives nationales du Québec, 2008
Bibliothèque et Archives Canada, 2008

Ce livre est imprimé sur un papier Silva Enviro entièrement recyclé.

Les auteurs

Suzanne Mineau, M. Sc. Psychoéducation

Diplômée de l'Université de Montréal, elle a travaillé 25 ans au Programme de pédopsychiatrie du CHU Sainte-Justine auprès des enfants âgés de 0-5 ans présentant différentes problématiques. De 1998 à 2003, elle a coordonné la clinique d'évaluation des troubles envahissants du développement chez les enfants 0-5 ans. Elle travaille depuis 2004 aux cliniques d'évaluation des troubles envahissants du développement de l'hôpital Rivière-des-Prairies et à leur laboratoire de recherche dirigé par le docteur Laurent Mottron.

Audrey Duquette, M. Sc. Psychoéducation

Diplômée de l'Université de Sherbrooke, elle travaille au CHU Sainte-Justine à l'évaluation du trouble envahissant du développement chez les enfants âgés de 0-5 ans. Elle a cinq années d'expérience avec cette clientèle en milieu de loisirs et dans le domaine de la recherche.

Katia Elkouby, M. Sc. Psychoéducation

Diplômée de l'Université de Montréal, elle travaille depuis dix ans au CHU Sainte-Justine et en pratique privée en évaluation et en intervention précoce auprès d'une clientèle avec troubles envahissants du développement, 0-5 ans. Elle a aussi animé des ateliers et donné des formations aux professionnels et parents concernés. Elle a une dizaine d'années d'expérience en milieu préscolaire et scolaire.

Claudine Jacques, M. Sc. Psychoéducation, étudiante au doctorat en psychologie, option psychoéducation

Diplômée de l'Université de Montréal, elle a travaillé près de dix ans au Programme de pédopsychiatrie du CHU Sainte-Justine en évaluation et en intervention auprès d'une clientèle avec troubles envahissants du développement, 0-5 ans. Elle travaille actuellement en pratique privée et à la clinique d'évaluation des troubles envahissants du développement de l'hôpital Rivière-des-Prairies. Elle assume une charge de cours portant sur les troubles envahissants du développement au collège Marie-Victorin.

Ann Ménard, M. Sc. Psychoéducation

Diplômée de l'Université de Montréal, elle intervient depuis près de 15 ans auprès d'enfants présentant des problématiques particulières, dont 7 ans au CHU Sainte-Justine au Département de pédopsychiatrie. Elle est également active au Département de psychoéducation de l'Université de Montréal à titre de superviseure et de chargée de cours.

Pamela-Andrée Nérette, M. Sc. Psychoéducation

Diplômée de l'Université de Montréal et de l'Université du Québec en Outaouais, elle est récipiendaire de la médaille d'or de la gouverneure générale du Canada pour ses études de deuxième cycle. Elle a travaillé pendant dix ans au Programme de pédopsychiatrie du CHU Sainte-Justine, à l'évaluation et l'intervention auprès des enfants 0-5 ans porteurs d'un trouble envahissant du développement. Elle a agi à titre de consultante, notamment dans les centres de la petite enfance. Elle a aussi animé des formations aux étudiants et professionnels ici et au Chili. Depuis un an, elle s'est jointe à l'équipe de santé mentale du CSSS Sud-Ouest-Verdun.

Sylvie Pelletier, M. Sc. Psychoéducation

Diplômée de l'Université de Sherbrooke, elle travaille depuis quatre ans au CHU Sainte-Justine à l'évaluation des troubles envahissants du développement chez les enfants âgés de 0-5 ans. Elle a une quinzaine d'années d'expérience avec les enfants présentant un trouble envahissant du développement, expérience acquise en milieu communautaire et en centre de réadaptation.

Remerciements

Nous remercions les enfants et les parents avec lesquels et pour lesquels nous avons développé ces stratégies d'intervention. Nous remercions les différents professionnels engagés avec nous auprès de ces enfants et de leurs parents.

Un remerciement particulier au docteur Michel Lemay, psychiatre au CHU Sainte-Justine, fondateur de la Clinique d'évaluation des troubles envahissants du développement pour les enfants 0-5 ans dont il assura la responsabilité médicale avec passion et rigueur jusqu'en 2003. Il est toujours très engagé auprès de ces enfants et de leurs parents dans son travail du Programme de psychiatrie.

Table des matières

Introduction

Le guide que nous vous présentons ici a été élaboré par des psychoéducatrices du Centre hospitalier universitaire Sainte-Justine, dans le cadre de la clinique d'évaluation des troubles envahissants du développement pour les enfants de 0 à 5 ans. Il s'adresse aux parents et aux professionnels qui travaillent auprès des enfants ayant un diagnostic de trouble envahissant du développement et vise à leur fournir des pistes d'intervention à mettre en place dans le quotidien.

Les conseils contenus dans cet ouvrage et présentés à la demande de nombreux parents constituent une étape essentielle dans le processus d'évaluation diagnostique. Cette étape suit l'annonce du diagnostic de l'enfant et s'inscrit comme une des modalités du soutien à court terme proposé ensuite aux parents. Les interventions à plus long terme sont assurées par les équipes spécialisées des centres de réadaptation de leurs quartiers ou de leurs régions.

Comme les parents et leurs enfants ne bénéficient en général, après le diagnostic, que de quelques rencontres, nous avons ciblé et privilégié les objectifs et les moyens **de base** pour intervenir, ceux que nous considérons comme les plus pertinents. Ils proviennent de plusieurs années d'expérience professionnelle en évaluation et en intervention à court, à moyen et à long terme avec ces enfants et leurs parents.

Ce guide s'inspire d'une approche psychoéducative globale, c'est-à-dire qu'il présente des stratégies d'intervention qui concernent l'ensemble du développement de l'enfant. Il ne s'agit pas d'un programme à appliquer intégralement, mais plutôt d'un guide de références tenant compte des particularités des enfants qui présentent un trouble envahissant du développement. Il devrait être utilisé en fonction des caractéristiques de chaque enfant, spécifiées lors des évaluations diagnostiques et multidisciplinaires (ergothérapie, neuropsychologie, orthophonie, pédiatrie, psychologie, psychiatrie, psychoéducation), et en fonction des renseignements et des besoins transmis par les parents. Les moyens d'intervention présentés dans ce document ont été conçus et pratiqués pendant les activités quotidiennes de l'enfant (routines de vie, jeux, collations, activités diverses) et cela, dans l'ensemble des microsystèmes (maison, garderie, école, etc.).

Les objectifs et les stratégies d'intervention de ce guide répondent principalement aux besoins des **enfants verbaux** âgés d'environ 2 à 8 ans. Certaines stratégies ont été puisées dans le premier guide qui s'adresse aux enfants non verbaux ou avec un début d'acquisition du langage, considérant qu'elles demeurent également pertinentes pour ces enfants[1].

Définition

des troubles envahissants du développement (TED)

Les catégories

Les troubles envahissants du développement sont des troubles neurodéveloppementaux qui se caractérisent par une altération des interactions sociales, de la communication et par des jeux et des intérêts restreints[2]. Il existe actuellement cinq catégories de troubles envahissants du développement: autisme, syndrome d'Asperger, trouble envahissant du développement non spécifié, syndrome de Rett et trouble désintégratif de la petite enfance. Dans le cas d'une absence de langage, qui caractérise souvent le syndrome de Rett et le trouble désintégratif de la petite enfance, les parents seront mieux outillés avec le livre *Troubles envahissants du développement: Guide de stratégies psychoéducatives à l'intention des parents et des professionnels. Enfants non verbaux ou avec un début d'acquisition du langage*[1].

Autisme

L'autisme se définit par une altération qualitative des interactions sociales et de la communication, par des comportements stéréotypés et des intérêts restreints. Pour poser le diagnostic, le retard ou le caractère anormal du fonctionnement doit avoir débuté avant l'âge de 3 ans. Bien que les critères diagnostiques ne soient pas explicités dans les manuels diagnostiques, il est possible à partir d'un certain âge de distinguer l'autisme de bas et de haut niveau. Les deux groupes se différencient sur la base du quotient intellectuel non verbal qui doit être, dans l'autisme, de haut niveau égal ou supérieur à 70 sur un test standardisé d'évaluation intellectuelle. Ces dernières données doivent toutefois être considérées avec une certaine prudence considérant que plusieurs limites s'appliquent à la passation des tests d'intelligence à la clientèle autistique. En effet, ces tests ne tiennent pas compte des pics d'habiletés, souvent rapportés par les parents et qui peuvent être utilisés dans l'intervention auprès de ces enfants [3].

L'autisme se caractérise par un retard du développement du langage avant 36 mois. Chez les enfants autistes identifiés de haut niveau, l'acquisition du langage est souvent particulière. De quasi mutique, c'est-à-dire sans langage entre 18 et 36 ou 48 mois, le langage peut se développer rapidement en brûlant les étapes développementales classiques de la phrase à un mot, puis à deux mots, etc. Le développement du langage chez les enfants autistes suivrait plutôt certaines étapes prédictibles identifiées par Prizant [4]. Ces étapes passent du mutisme à l'écholalie immédiate, à l'écholalie différée, au langage stéréotypé et au langage productif hypergrammatical avec répétitivité thématique. Ces différentes étapes s'effectueraient de manière accélérée chez les enfants autistes sans déficience intellectuelle entre l'âge de 3 et 6 ans, et de manière plus lente et incomplète chez les enfants autistes de bas niveau. Ces derniers peuvent rester bloqués à une des étapes.

Pour un enfant autiste de haut niveau, c'est d'ailleurs souvent dans le domaine du langage que les transformations développementales peuvent être les plus importantes entre l'âge de 3 et 6 ans. Ces transformations concernent surtout la forme du langage. La pragmatique du langage, c'est-à-dire ce qu'on fait par le moyen du langage, reste cependant problématique. L'utilisation du langage est souvent marquée par la répétitivité, l'envahissement de thématiques particulières et par le manque de réciprocité de l'échange conversationnel.

L'acquisition rapide du langage entre 3 et 6 ans ne doit pas être interprétée comme une guérison ou comme une erreur de diagnostic. Il subsistera des difficultés dans les domaines de la communication et des interactions sociales réciproques ainsi que dans le domaine des comportements et des intérêts restreints.

Syndrome d'Asperger

Le syndrome d'Asperger se différencie de l'autisme de haut niveau par l'absence de retard dans le développement du langage, et l'absence de certaines caractéristiques du langage expressif: écholalie, inversion pronominale, néologismes et langage stéréotypé [3]. Sur le plan du développement du langage, l'enfant acquiert même une prononciation très claire des mots dès l'âge de 2 ans, un lexique de mots recherchés et, à un âge précoce, des comportements d'hyperlexie (lecture sans enseignement par les adultes). Cependant, comme dans l'autisme, l'utilisation du langage est marquée par la répétitivité, l'envahissement de thématiques particulières et le manque de réciprocité de l'échange conversationnel. Le domaine des interactions sociales et le domaine des comportements stéréotypés et des intérêts restreints présentent aussi des anomalies identiques à l'autisme. La trajectoire développementale du syndrome d'Asperger se différencie de l'autisme dans les phases précoces du développement et amène les parents à rapporter les premiers signes plus tardivement, c'est-à-dire uniquement autour de 3-4 ans [3].

Trouble envahissant du développement non spécifié

Le diagnostic de trouble envahissant du développement non spécifié est posé lorsqu'un enfant présente plusieurs caractéristiques associées à un trouble envahissant du développement, mais en nombre insuffisant pour correspondre à un diagnostic d'autisme ou de syndrome d'Asperger. Comme dans l'autisme, ce diagnostic peut être posé chez des enfants avec ou sans déficience intellectuelle.

Caractéristiques cognitives

des troubles envahissants du développement (TED)

Neuropsychologie cognitive

Depuis plusieurs décennies, la neuropsychologie cognitive a tenté d'expliquer scientifiquement les mécanismes cognitifs sous-jacents aux différents signes caractéristiques du comportement des personnes (enfants et adultes) qui présentent un trouble envahissant du développement. Cette recherche a produit différents modèles cognitifs qui, chacun, ont proposé des modèles explicatifs du fonctionnement des personnes avec un trouble envahissant du développement. Ces travaux ont permis une meilleure compréhension des stratégies cognitives utilisées par ces personnes dans le traitement de l'information, depuis la perception sensorielle jusqu'aux opérations cognitives plus complexes. Ces études neuropsychologiques ont également montré des profils cognitifs particuliers chez la personne où se côtoient des compétences supérieures et de grands déficits.

On peut retrouver des enfants avec un trouble envahissant du développement qui présentent des résultats aux évaluations intellectuelles pouvant aller de la déficience intellectuelle à l'intelligence supérieure. Cependant, ces enfants présentent régulièrement un profil cognitif particulier avec des pointes de compétences dans certains domaines et des difficultés dans d'autres. Ces compétences sont souvent reliées aux tâches perceptives dans la modalité visuelle et auditive, comme la discrimination, la recherche et l'identification de formes (ex. : manipulation de formes géométriques, casse-tête, reconnaissance musicale). L'étude des profils cognitifs des enfants qui présentent un trouble envahissant du développement avec déficience intellectuelle ou sans déficience intellectuelle, révèle fréquemment l'utilisation de stratégies cognitives atypiques dans leurs domaines de compétences particulières. Il est donc important de considérer que ces enfants traitent différemment l'ensemble des informations de l'environnement (perception sensorielle, langage, visage, émotions), dû à une organisation cérébrale différente de la nôtre [3,6].

Les travaux de recherche en neuropsychologie cognitive ont également permis l'ajustement des interventions éducatives afin de faciliter et de maximiser le développement et l'évolution des enfants avec un trouble envahissant du développement.

Modèles cognitifs

Surfonctionnement perceptif

L'étude des aspects élémentaires de la perception (appelés de bas niveau) dans le domaine visuel et auditif a montré, chez les personnes autistes comparativement aux personnes non autistes, des capacités supérieures de discrimination visuelle et auditive. Ces résultats jouent un rôle important dans les modèles cognitifs actuels au sujet du surfonctionnement de la perception de bas niveau dans l'autisme [5]. Par ailleurs, ces particularités dans le domaine perceptif peuvent être liées à certains intérêts exclusifs chez l'enfant. On peut relier ces particularités du traitement de l'information aux compétences cognitives extraordinaires rapportées par les parents d'enfants autistes, *par exemple la réalisation de casse-tête complexes ou la reproduction spontanée d'une mélodie avec une voix juste.*

Sur le plan de la perception primaire, les informations sensorielles peuvent être traitées avec des sensibilités particulières ou un manque de liaison entre les différents systèmes sensoriels (vision, audition, odorat, goûter, toucher, proprioception et système vestibulaire). Ces particularités peuvent donner un caractère incohérent et imprévisible à l'environnement de l'enfant, à ce qu'il ressent et comprend et, ainsi, perturber son adaptation.

Par exemple, ces particularités peuvent rendre compte de certains comportements de l'enfant, comme celui de se placer les mains sur les oreilles à cause d'une hypersensibilité auditive.

Cohérence centrale

Le modèle cognitif de la faiblesse de la cohérence centrale cherche à expliquer les performances significatives des personnes autistes dans des tâches visuelles de détection des détails (niveau local) par un déficit d'intégration globale (niveau supérieur)[7]. Toutefois, bien que la préférence pour le traitement local soit confirmée, plusieurs études suggèrent qu'il existe dans l'autisme une capacité de faire abstraction du contexte, plutôt qu'un déficit à ce niveau.

Par exemple, on demande à l'enfant d'identifier l'image d'une maison, mais l'enfant détecte rapidement les minuscules chiffres de l'adresse de la maison, chiffres qu'il s'attarde à regarder et à énumérer.

Fonctions exécutives

Le concept de déficit des fonctions exécutives (autorégulation) cherche à expliquer entre autres les difficultés de planification, de flexibilité et de généralisation que présentent les personnes avec un trouble envahissant du développement lorsqu'elles ont à planifier une action quelconque. Ce concept de déficit permet de rendre compte des difficultés à planifier plusieurs actions vers un but déterminé, surtout si plusieurs étapes sont nécessaires, à ajuster ses actions en fonction de changements, à corriger ses erreurs et à changer de stratégies [8].

Par exemple, l'enfant aura de la difficulté à mettre en application la consigne suivante: « Les enfants (*il ne déduit pas qu'on s'adresse à lui comme faisant partie du groupe d'enfants*), allez chercher votre matériel (*quel matériel et où est-il exactement?*), pour continuer le bricolage commencé hier (*quel bricolage, que veut dire la notion de temps « hier » ?*) et terminez-le avant d'aller à la récréation (*quelles sont les étapes qui restent à faire ? l'enfant commence par quoi et avec quel matériel ? combien de temps a-t-il exactement pour terminer ?*).

Dans le trouble envahissant du développement, le déficit exécutif est souvent mis en lien avec la rigidité de la pensée, avec les comportements répétitifs observés dans le domaine des comportements stéréotypés et des intérêts restreints, avec les limites du jeu créatif et imaginaire, mais également avec les particularités de la communication et des interactions sociales. En effet, on peut retrouver un caractère répétitif dans le langage (langage stéréotypé) et l'utilisation de routines stéréotypées dans les ouvertures sociales (utiliser une façon rigide et quelque peu « mécanique » d'entrer en relation, avec un manque d'ajustement).

Par exemple, se présenter à une personne étrangère dans la rue, selon la formule apprise à la maternelle: « Bonjour, je m'appelle Sébastien et j'ai 5 ans. »

Théories de l'esprit

Un déficit des théories de l'esprit rendrait compte des difficultés des personnes autistes à interpréter le comportement d'autrui en fonction d'une intention, d'une émotion ou d'un raisonnement. Ces particularités expliqueraient les difficultés sociales caractéristiques des personnes autistes qui interpréteraient les comportements des autres à partir de leur perception première sans inférer d'intention chez autrui [9]. Bien que ces capacités puissent se développer, elles peuvent avoir une incidence importante sur la communication et les interactions sociales réciproques.

Par exemple, l'enfant qui en tape un autre qui pleure parce qu'il a égaré sa doudou: l'enfant est hypersensible aux sons forts et, soudain, il ne tolère donc pas le son des pleurs de l'autre enfant et ne comprend pas ce que cet enfant éprouve d'avoir perdu sa doudou.

Par exemple, un enfant qui ne décodera pas les intentions malveillantes d'une personne qui lui demande de faire une action déplacée, parce qu'elle est souriante et qu'elle affirme être son amie.

Les stratégies

psychoéducatives

Compréhension de l'enfant, attitude de l'adulte et apprentissage

Le comportement d'un enfant qui présente un trouble envahissant du développement semble « parallèle » aux activités de leurs proches. Cet enfant communique et interagit peu ou le fait sans être capable d'utiliser de bonnes habiletés interpersonnelles favorisant une certaine réciprocité dans l'échange. L'enfant autiste s'adapte à sa façon.

Pour favoriser un comportement plus adapté chez l'enfant, l'entourage doit aussi s'adapter et adapter l'environnement de l'enfant : l'adaptation devient alors mutuelle.

L'attitude de l'adulte est donc primordiale pour favoriser une approche et une organisation de l'environnement adaptées à l'enfant et permettant le développement de la communication, de l'interaction et des apprentissages.

Pour intervenir au plan du comportement de l'enfant, il faut le considérer dans sa globalité. Les différents

(...)

(suite)

aspects de la communication, des interactions, des intérêts et des jeux de l'enfant font partie intégrante de son comportement. Dans le présent ouvrage, nous aborderons de façon séparée ces différents aspects, bien qu'ils soient toujours intimement liés dans nos interventions auprès des enfants.

Aider un enfant présentant un trouble envahissant du développement, c'est d'abord comprendre ses particularités. **Adapter son environnement, c'est aussi adapter fondamentalement notre attitude envers lui.** Nous visons son bien-être en tentant de développer ses capacités de façon optimale, selon des repères différents de nos repères habituels. Avant d'intervenir, il est donc important de colliger, avec les parents, les différents professionnels (psychologue, neuropsychologue, ergothérapeute, orthophoniste, médecin, psychoéducateur) et les intervenants des milieux de vie de l'enfant (école, garderie) tous les renseignements qui documentent les caractéristiques du fonctionnement particulier de cet enfant.

Les bases de l'intervention

Avant tout, il faut se rappeler que l'enfant qui présente un trouble envahissant du développement perçoit, enregistre et traite les informations de façon différente. D'abord, dans l'attente des services spécialisés à long terme, les proches de l'enfant revoient les principales bases des interventions à mettre en place dans son environnement. Celles-ci favoriseront le bien-être et la disponibilité de l'enfant en lui offrant un environnement adapté à ses particularités.

Connaître le profil sensoriel de votre enfant avec ses façons particulières de percevoir et de traiter les informations provenant de ses sens, et ce, en collaboration avec l'ergothérapeute qui aura évalué votre enfant. Il peut ainsi présenter certaines hyposensibilités ou hypersensibilités sensorielles qui occasionnent des malaises ou des réactions qui semblent étranges et qui peuvent conduire ultimement à des difficultés d'adaptation avec l'environnement. Il est alors primordial d'organiser l'environnement afin de respecter les particularités sensorielles de l'enfant pour répondre à un besoin essentiel chez lui, préalable à tout apprentissage. Il est possible de réduire les stimuli autour de l'enfant, considérant qu'une des particularités des enfants avec un trouble envahissant du développement est la difficulté à traiter plusieurs stimuli et plusieurs informations simultanément. Favorisez donc un environnement calme pour les activités d'apprentissage ou de détente. Pour un enfant hypersensible aux sons, mieux vaut les éliminer le plus possible, ou, si ce n'est pas possible, le prévenir des bruits ou des sons qui pourraient le déranger afin de lui permettre de les anticiper.

Traduire les informations de l'environnement afin de les rendre signifiantes et cohérentes pour l'enfant. En collaboration avec le neuropsychologue, le psychologue, l'orthophoniste et la psychoéducatrice qui auront évalué l'enfant, traduisez les informations sous des formes qui respectent et privilégient les profils des compétences cognitives et langagières de cet enfant. Les repères visuels (images, pictogrammes, code écrit) sont souvent une voie privilégiée de traitement de l'information chez les enfants avec un trouble envahissant du développement. Il est souvent nécessaire de passer par des indices concrets, considérant les déficits qu'on observe sur le plan des représentations.

Il est important d'utiliser un langage simple et précis, en adaptant le vocabulaire préconisé au niveau de la compréhension de l'enfant.

Présenter à l'enfant une organisation horaire structurée de son temps, par séquences visuelles et écrites adaptées à son niveau développemental. Ces points de repères imagés des activités et des routines de l'enfant lui permettront de comprendre et d'anticiper le déroulement de ses séquences de vie (voir la photo à la page 33). Ceci favorisera une meilleure adaptation de l'enfant, en diminuant l'imprévisibilité et l'anxiété consécutive. Souvent, les CPE (centres de la petite enfance) et les écoles utilisent des images avec les enfants. Avec l'enfant ayant un trouble envahissant du développement, c'est la stratégie choisie dans l'utilisation des images qui fera la différence. On peut capitaliser sur la routine déjà établie pour aider l'enfant à anticiper et se représenter son horaire, sa routine d'activités et ses apprentissages. Lorsque l'enfant présente une certaine rigidité cognitive, il est important de commencer avec deux séquences imagées d'activités, puis d'augmenter graduellement. Faites verbaliser ses séquences par l'enfant en recourant au « je » et en utilisant le mot « après » entre les deux. Par exemple: « Je mets mon pyjama et après je regarde la télévision. » Bien marquer la fin d'une séquence avec retour à l'horaire imagé en retournant l'image (ou mettre dans une pochette ou déplacer une flèche) et en verbalisant la prochaine séquence. Selon notre expérience clinique, inciter l'enfant à verbaliser les séquences semble l'aider à mieux intégrer l'information et nous permet aussi de vérifier sa compréhension. Il est possible de mettre en place une séquence plus complexe avec les enfants qui présentent une meilleure capacité de représentation de leur environnement.

Les professionnels rétorquent souvent que l'enfant connaît la routine et qu'un tableau imagé est donc inutile. Cependant, l'utilisation d'une séquence visuelle est un précieux outil que l'enfant plus avancé gagnera à utiliser de manière autonome, permettant de meilleures capacités d'autorégulation. De plus, on sait que, sans support visuel, l'élaboration du récit chez l'enfant présentant un trouble envahissant du développement est pauvre. Une séquence visuelle lui donnera un coup de pouce pour mobiliser ses capacités d'évocation, quand on lui demandera : « Qu'est-ce qu'on a fait aujourd'hui ? Raconte-moi ! » Les images auront comme fonction de soutenir son récit.

Pour être encore plus attrayant, on peut associer les intérêts spéciaux de l'enfant à son horaire imagé. D'une part, en incluant des périodes dans l'horaire où il pourra anticiper et s'adonner à ses intérêts particuliers, d'autre part en utilisant l'attrait perceptuel et cognitif des thématiques d'intérêt. Par exemple, on esquissera une trajectoire au-dessus de l'horaire en encourageant l'enfant à déplacer la petite auto (comme une flèche) et à la positionner face à l'activité selon le moment de la journée.

Orthopédagogue utilisant un tableau imagé. On la voit ici expliquer les activités à l'horaire, une à une, avant de commencer son atelier.

Toujours en tenant compte du niveau de développement de l'enfant, il est possible d'organiser l'espace autour de lui de façon structurée et fonctionnellement claire. Par exemple, indiquez un lieu pour manger, un lieu pour jouer et un lieu pour se reposer. Cette organisation permettra à l'enfant de bien percevoir ce qu'il doit faire. Utilisez, là aussi, des repères visuels qui guideront l'enfant. Lorsque l'enfant arrive à mieux anticiper et à trouver des repères dans son environnement, il n'est pas nécessaire de l'aider à distinguer chacun des lieux de son environnement physique. Toutefois, il faudra s'appuyer sur les mêmes principes en donnant une certaine structure à l'environnement.

Enseigner à l'enfant des habiletés interpersonnelles, de façon explicite et cohérente. Accompagnez-le en donnant un sens aux situations interactives. Fournissez à l'enfant un modèle visuel et/ou verbal des situations sociales en utilisant un langage simple et descriptif, et demandez-lui de les verbaliser afin de vérifier la compréhension qu'il en a. Prévenez les comportements inadéquats en lui présentant un modèle visuel et/ou explicite du comportement attendu et surtout en lui donnant différentes alternatives de comportements qu'il peut adopter dans une situation difficile.

Privilégier la stabilité et la prévisibilité de l'environnement de l'enfant. Dans la mesure du possible, prévenez l'enfant des changements et des nouveautés par des repères visuels ou verbaux qui l'aideront à se représenter, anticiper et apprivoiser ces nouvelles informations. Demandez-lui de les verbaliser en ayant recours au « je ».

Comportements

Les comportements de ces enfants ont été décrits de façon exhaustive dans le *Guide de stratégies psychoéducatives à l'intention des parents et des professionnels* (*Enfants non verbaux ou avec un début d'acquisition du langage*)[1]. Dans le présent guide, les trois domaines pertinents au diagnostic seront décrits uniquement en ce qui concerne les caractéristiques spécifiques aux enfants ayant développé le langage. Ces descriptions précèderont les interventions proposées dans chacun des trois domaines du diagnostic: la communication, les interactions sociales ainsi que le domaine des comportements stéréotypés et des intérêts restreints.

Communication

Le langage constitue un des aspects de la communication. En effet, tel que nous l'avons mentionné plus haut, l'enfant avec un trouble envahissant du développement présente des difficultés d'utilisation du langage dans ses divers aspects, dont celui de la communication sociale. Il manifestera peu d'intérêt à communiquer avec les autres, sauf pour exprimer ses besoins ou pour parler de ses propres intérêts. La fonction même de la communication est peu développée chez cet enfant. Ses habiletés interactives demeurent très pauvres même si l'enfant a développé le langage. Plus précisément, la communication demeure caractérisée par des déficits de ses capacités à l'évocation et de ses habiletés à soutenir des échanges réciproques.

Même si le langage expressif s'est développé et qu'il est relativement bon, la compréhension reste généralement plus pauvre que ne le pense l'entourage de l'enfant. Les proches sont souvent habitués de fournir des indices contextuels qui facilitent la compréhension de l'enfant, qui sera également soutenue par des activités routinières et prévisibles. Les difficultés apparaîtront quand la compréhension concernera des informations plus abstraites ou demandera de faire des liens ou des inférences.

Découvrir l'utilité d'une communication fonctionnelle

Plusieurs programmes conçus pour les enfants avec un trouble envahissant du développement prennent la communication comme pierre angulaire de leurs interventions. En effet, les parents s'inquiètent beaucoup des difficultés de langage et de communication qu'ils observent chez leur enfant.

Les prochaines pages visent donc à donner à ces parents, en collaboration avec l'orthophoniste qui aura évalué l'enfant, quelques idées pour intervenir afin d'améliorer l'utilité et le plaisir de la communication, indissociable de la qualité de l'interaction avec l'entourage. Ainsi, nous aidons l'enfant à mieux communiquer, c'est-à-dire à mieux comprendre son environnement, à mieux se faire comprendre et à en retirer de la satisfaction. Toutefois, c'est d'abord à l'entourage de l'enfant que nous demandons de s'adapter.

Pour que la communication soit porteuse de sens pour l'enfant:

- Utiliser les contextes naturels de la vie quotidienne de l'enfant: routines, collations, repas, activités et jeux reliés à ses intérêts spécifiques et autres, etc. Servez-vous des situations spontanées qui motivent l'enfant ou organisez ces situations pour faire en sorte qu'il ait à communiquer et à interagir s'il veut obtenir, indiquer ou poursuivre toute activité intéressante.
- Profiter des demandes et des requêtes de l'enfant pour inciter son contact visuel, l'aider à formuler sa demande par une phrase complète selon son niveau de langage et utiliser le nom de son interlocuteur: « Maman, je veux jouer à l'ordinateur. » Lui fournir aussitôt l'objet de sa demande avec enthousiasme et encouragement.
- Permettre l'acquisition du sens de l'expérience. Accompagnez l'enfant en nommant son expérience immédiate (l'action exécutée, l'objet perçu, l'émotion manifestée), et amenez-le aussi à la nommer. Utilisez un langage simple et concret.
- Favoriser l'intégration de l'information. Donnez des consignes simples et explicites à l'enfant, accompagnées de supports visuels ou de démonstrations si nécessaires. Faites répéter le message à l'enfant afin de s'assurer qu'il l'a bien reçu et bien compris. Ne présumez pas de

la compréhension de l'enfant quand on ne s'adresse pas directement à lui. Ne supposez pas non plus que l'enfant est capable de déduction si le message n'est pas très explicite.

Améliorer la qualité du contact visuel

Le contact visuel représente la base des habiletés de communication et d'interaction. Il est important de développer cette habileté, car elle permet à l'enfant d'améliorer son contact avec autrui, d'être interpellé par les renseignements non verbaux de son interlocuteur (comportement/mimique), d'améliorer sa compréhension, de chercher l'approbation de l'adulte, de vérifier la disponibilité de son interlocuteur et de partager ses intérêts et ses plaisirs avec autrui. Quelqu'un qui ne regarde pas son interlocuteur se prive de toute cette information, et l'enfant qui présente un trouble envahissant du développement ne possède pas naturellement cette habileté. Il faut donc chercher à l'apprivoiser doucement et à son rythme. Étant donné sa difficulté à traiter l'information, et donc à combiner simultanément plusieurs modes sensoriels, la surcharge est parfois telle que l'enfant ne peut soutenir le contact visuel, surtout lorsque toute son attention est absorbée par une activité qui fait appel à un autre mode sensoriel (auditif, tactile, gustatif) qu'il privilégie en fonction de ses capacités et de ses intérêts. Cela peut se traduire, par exemple, par une difficulté à combiner le regard et l'écoute.

De plus, lorsque l'enfant doit décoder les expressions d'un visage humain, sa perception peut rapidement être surchargée d'information et d'efforts. En effet, ces expressions sont complexes et c'est un défi en soi que de les interpréter.

Afin de respecter les particularités de l'enfant, nous favorisons les mots « inciter », « suggérer » ou « proposer »

(...)

(suite)

dans nos descriptions de stratégies. L'habileté qui consiste à « regarder son interlocuteur » doit être travaillée dans une perspective où l'enfant l'associe à une source de plaisir et comprend que cela lui permet d'entrer en contact avec autrui. Il va donc de soi que nous ne recommandons en aucun cas d'exiger un contact visuel prolongé, ni de maintenir la tête de l'enfant pour le forcer.

- Pour stimuler le contact visuel, même brièvement, commencez par privilégier des moments de plaisir et de détente avec l'enfant. En effet, utilisez les activités qui sont sources d'intérêt et de plaisir pour lui (avec ses jouets, activités sensorielles ou motrices préférés) afin de susciter son attention en établissant un contact visuel. Favorisez de petites activités interactives, comme les jeux de coucou, de poursuite, de ballon ou d'imitation.
- On peut susciter un bref contact visuel en donnant à l'enfant l'objet convoité, ou en répétant la stimulation souhaitée, afin qu'il fasse un lien entre le contact visuel avec autrui et le plaisir. Évitez de forcer ce contact en insistant ou en adoptant une forme quelconque de chantage.
- Pour capter le regard de l'enfant, l'adulte peut mettre près de ses yeux les objets qu'il convoite. Attendre un peu avant de répondre à la demande de l'enfant. Ainsi, il devrait lever la tête s'il n'obtient pas de réponse à ce qu'il demande. Au besoin, faites un rappel : « Simon, regarde-moi. »
- Favorisez des activités qui incitent l'enfant à rechercher la direction du regard de son interlocuteur pour comprendre son intention. Par exemple, on peut faire des

jeux de blocs ou de quilles et lui demander: « Devine quels blocs tu dois prendre ? » en désignant avec vos yeux un objet parmi les autres placés devant lui.

- Lorsque l'enfant éprouve trop de difficulté à établir le contact visuel, sollicitez-le verbalement et physiquement en vous mettant à sa hauteur, en le plaçant devant vous et, si nécessaire, en prenant ses mains dans les vôtres.

Développer les habiletés sociocommunicatives de base

Adresser un message à son interlocuteur

Les enfants qui présentent un trouble envahissant du développement font fréquemment des demandes sans les adresser, sans les diriger vers qui que ce soit ou sans s'assurer que l'interlocuteur les voit, qu'il est attentif ou qu'il saisit leur message. Ces enfants peuvent demander quelque chose à l'autre sans établir de contact visuel, sans l'interpeller et sans prendre en considération le fait que l'autre est déjà engagé dans une conversation ou qu'il ne le regarde pas.

On conseille, lorsque l'enfant fait une demande non dirigée, c'est-à-dire sans s'adresser à quelqu'un :

- de s'approcher de lui et de patienter quelques secondes pour qu'il initie ou répète son message. Dès qu'il manifeste un geste (tenter de prendre l'objet ou notre main, etc.), on répond à sa demande en s'interposant entre lui et l'objet désiré, pour profiter de cet élan de communication ;
- puis, rapidement, on prend sa main pour la rapprocher de notre visage, cela pour aider l'enfant à diriger sa communication, surtout s'il cherche à prendre la main

de l'adulte et à l'utiliser comme un instrument. Mettre sa petite main près de nos yeux encourage instinctivement l'enfant à nous regarder ;

- enfin, pour conclure cet élan de communication, incitez l'enfant verbal à interpeller, par son nom, la personne à qui il s'adresse (« Maman, je veux du lait ! ») ;
- pour faciliter cet apprentissage, il est tout indiqué, surtout au début, de placer ses objets favoris à distance et bien en vue, afin qu'il ait besoin de l'adulte pour les obtenir. D'autant plus que les demandes de l'enfant se font souvent par des requêtes.

Décoder la disponibilité de son interlocuteur

Pour faire une demande à une personne, il faut s'assurer de sa disponibilité et de son attention. On se demande par exemple si cette personne n'est pas en train de parler avec quelqu'un d'autre, si elle n'est pas occupée à une tâche et si elle est prête à nous écouter. Parfois, avant de parler à l'autre, nous tenons compte de son humeur. Naturellement, nous nous attendons à ce que l'autre nous regarde ou se tourne dans notre direction quand nous nous adressons à lui.

Nous avons appris comment aider l'enfant porteur d'un trouble envahissant du développement à diriger sa communication, soit en anticipant les mouvements d'intérêt de l'enfant et en intervenant aussitôt afin d'accompagner l'enfant dans sa demande, à laquelle on répond immédiatement afin de le renforcer dans l'utilisation de nouveaux schèmes et repères. Dans ce scénario, l'enfant n'a pas à vérifier l'attention et la disponibilité de l'adulte. Toutefois, la disponibilité inconditionnelle d'un interlocuteur et la réponse positive à toute demande sont illusoires. L'enfant devra donc apprendre à décoder la non-disponibilité de son interlocuteur (...)

(suite)

(par exemple, maman parle avec une autre personne, elle ne le regarde pas, elle est dans une autre pièce, etc.). Ces codes non verbaux devront être enseignés à l'enfant, car ce décodage social ne lui est pas inné.

Pour enseigner à l'enfant ces codes de la communication, utilisez des jeux en face à face (jeu de loto, d'encastrement de formes) et créez un jeu interactif où l'enfant doit vous faire une demande (obtenir une carte, un morceau du jeu, etc.). **Exagérez votre non-disponibilité** (regardez le plafond, tournez-vous de côté sur votre chaise, sifflotez). Attendez que l'enfant vous ait clairement interpellé ou tapoté la main. Dites, par exemple: « Oh ! pardon, j'étais occupé ». Soyez imaginatif, drôle, cocasse. Les enfants aiment généralement cet exercice quand il est fait avec humour. Il peut être nécessaire d'utiliser, surtout pour le très jeune enfant (3–4 ans), des images pour décortiquer en séquences ce que vous attendez exactement de lui : 1) vérifier si maman ou papa me regarde ; 2) dans le cas contraire, l'appeler ou lui tapoter la main; 3) quand le contact visuel est établi, adresser ma demande.

Il arrive souvent que les enfants aient de la difficulté dans cet exercice ; soyez donc patient. Vous pouvez également faire « équipe » avec un autre adulte qui dirige l'enfant dans la séquence imagée ou encore qui le guide verbalement en l'aidant à décoder ce qui se passe (par exemple : « Oh ! regarde, c'est drôle, maman ne te regarde pas. Oh ! oh ! qu'est-ce qui se passe ? Appelle-la ! »).

Recevoir un message de son interlocuteur

> Une fois que l'enfant a acquis la capacité, même en étant assisté, d'établir une communication mieux dirigée et de vérifier la disponibilité de son répondant, il doit écouter la réponse au message de son interlocuteur et en tenir compte. De plus, quand il est absorbé par une activité, l'enfant qui présente un trouble envahissant du développement est moins disponible pour comprendre une demande ou une consigne. Il ne présente pas les attitudes sociales habituelles (être en position d'écoute, se tourner à l'appel de leur nom, établir le contact visuel) qui indiquent l'attention et l'intérêt pour un échange ou une tâche à accomplir.

Voici quelques façons de communiquer avec l'enfant.

- Vérifiez d'abord la disponibilité de l'enfant. Assurez-vous qu'il n'est pas absorbé par une activité quand on lui adresse une demande ou qu'on lui donne une consigne.
- S'il est absorbé, interpellez-le, mettez-vous à sa disposition ou même touchez-le pour attirer son attention. Établissez ou demandez verbalement un bref contact visuel.
- Communiquez-lui la consigne ou le message en utilisant des indications simples et concrètes. Utilisez des phrases courtes et mettez l'accent sur les mots importants. Ralentissez le débit verbal et évitez la surcharge d'information. Évitez les consignes doubles et ne demandez qu'une chose à la fois.
- Utilisez des soutiens visuels pour faciliter la compréhension (gestes, images, objets). Le visuel est une modalité privilégiée pour percevoir et intégrer les renseignements chez les enfants qui présentent un trouble envahissant du développement.

- S'il s'agit d'une nouvelle demande, d'une nouvelle consigne, d'un nouvel apprentissage, faites une démonstration de ce qui est demandé et, au besoin, aidez l'enfant à accomplir la séquence demandée. Il est possible de décortiquer le comportement attendu en passant par des jeux de rôle. Pour s'assurer que l'enfant saisit bien ce qui lui est demandé, on peut également le soutenir physiquement dans sa tâche.
- Si l'enfant s'éloigne ou se fâche quand vous lui faites une demande ou exigez quelque chose de lui, ramenez-le à la tâche en suscitant son intérêt. Tentez de recréer le contact, même s'il faut diminuer l'exigence. Répétez plus simplement la consigne. L'objectif est d'éviter les ruptures de communication.
- Afin de respecter les potentialités de l'enfant, augmentez graduellement les exigences de façon constante et cohérente afin de favoriser le succès et de diminuer les frustrations liées à de trop grands défis.

Exercer les habiletés sociocommunicatives de base par le jeu

Pour permettre à l'enfant de développer ses habiletés sociocommunicatives, on utilise les situations de la vie quotidienne. On peut notamment utiliser les jeux à deux (adulte/enfant) de même que les jeux auxquels les enfants se livrent entre eux.

Pour inciter l'enfant à bien adresser et recevoir un message dans des échanges exigeant des tours de rôle, on peut organiser des mises en situation stimulantes pour l'enfant.

Avec l'adulte

- Si l'enfant s'intéresse aux petites voitures, en placer plusieurs de différentes couleurs (connues par l'enfant) devant vous et à distance de l'enfant. L'inciter à bien vous adresser sa demande: bref contact visuel avec vous, utilisation de votre nom et formulation de la phrase: « Maman, je veux la voiture rouge. » Lui fournir aussitôt la voiture rouge. Par la suite, vous pouvez inverser les rôles et l'enfant doit porter attention à votre message afin de vous donner la voiture demandée. Encouragez chaque réussite afin que l'enfant éprouve de la satisfaction dans ce type de jeu.

- Vous pouvez également utiliser un jeu de loto d'images qui sont connues de l'enfant et qui l'intéressent (animaux, moyens de transport, etc.) à deux partenaires (au début de l'activité, un seul adulte joue avec l'enfant). Un des partenaires a la carte principale des images (l'enfant) et l'autre les cartes de chaque image. Le matériel est visible par les partenaires. Un des partenaires doit demander à l'autre chacune des images dont il a besoin pour compléter la carte principale. Aidez l'enfant à bien adresser sa demande selon les modalités décrites plus haut. Par la suite, inversez les rôles pour que l'enfant porte attention à votre message et qu'il réponde bien à votre demande.

Avec l'adulte et d'autres enfants

- En CPE et en garderie, on peut miser sur la routine comme les causeries, les jeux en atelier à la table, ou provoquer des rassemblements. Ce qui est important, c'est d'inscrire ce moment dans la routine quotidienne de l'enfant afin qu'il l'apprivoise. Insérez des références concrètes: une image à l'horaire (ex.: des enfants assis en rond) ; des coussins pour désigner l'espace de chacun et pour que l'enfant sache comment il doit positionner son corps dans l'espace (conduite corporelle d'échange).
- Le professionnel travaillera les conduites de partage et d'ajustement à l'autre à partir des intérêts de l'enfant. Par exemple, on utilisera les petits rassemblements afin de travailler les habiletés de « chacun son tour », que l'on nomme clairement (« C'est au tour de... ») en

incitant l'enfant à nommer les autres enfants et le tour de rôle. Pour l'enfant présentant un trouble envahissant du développement, il faut un objet d'intérêt pour stimuler la communication et l'interaction. L'attention et le tour de rôle seront plus faciles à travailler, car l'enfant aura le désir d'obtenir l'objet; il acceptera donc les contraintes reliées aux consignes sociales. Les intervenants se heurtent souvent à un échec, car ils placent l'enfant dans une situation de socialisation dépourvue d'attrait pour lui. La meilleure façon de se rendre attrayant est d'utiliser les intérêts de l'enfant (les préoccupations restreintes) et de les inscrire dans un jeu interactif original. Et, bien sûr, d'utiliser des jouets ou activités ayant une composante perceptive attrayante. Par exemple, des jouets à effet action-réaction, colorés, sonores, lumineux, des activités sensorielles et motrices, etc. Non seulement l'enfant aura-t-il plus de plaisir à interagir, mais la tolérance à la frustration et la disponibilité à l'apprentissage seront plus faciles à négocier. On observe toutefois que le plaisir de l'enfant à participer à un jeu interactif est initialement relié davantage au contenu de l'activité elle-même qu'au plaisir de la socialisation; mais la tendance se renverse, et l'enfant développera un réel plaisir à partager ce moment de jeu interactif et de discussion avec ses pairs.

Orthopédagogue dans un moment de causerie.

- Le tour de rôle sera considéré acquis quand l'enfant lui-même pourra réguler l'échange sans la supervision de l'adulte.

Améliorer les capacités de représentation et d'évocation

> Certains enfants éprouvent des difficultés à organiser leur discours pour discuter d'événements qu'ils ont vécus. Ils n'arrivent pas, d'une part, à rapporter la globalité d'une situation selon des séquences temporelles logiques et, d'autre part, à prendre en compte la compréhension du récepteur pour évaluer quelles sont les informations qui demeurent inconnues pour l'autre.

- En lui donnant des indices, faire revenir l'enfant sur des situations, d'abord positives, dont vous avez été témoin pour ainsi l'aider à raconter. L'enfant peut, par exemple, avec le soutien du parent accompagnateur qui a observé et participé à la situation, raconter son expérience au parent qui était absent. Le tout doit se faire avec des mots simples, en privilégiant le « je ».
- Soutenez les évocations par des éléments visuels. Il est possible d'utiliser des objets, des photographies, des pictogrammes ou des dessins schématiques représentant la situation vécue par l'enfant.
- Un outil de communication plus spécifique, « le soleil », peut également être utilisé sous forme de jeu pour amener l'enfant à rapporter plus spontanément plusieurs aspects de son récit, facilitant ainsi la compréhension de l'interlocuteur. Le cercle du soleil représente le thème et chacun de ses rayons, une information spécifique. Quelle était la situation ? Qui était présent ? Où la situation s'est-elle déroulée ? Quand la situation s'est-elle déroulée ? Comment l'enfant se sentait-il pendant cette situation ?

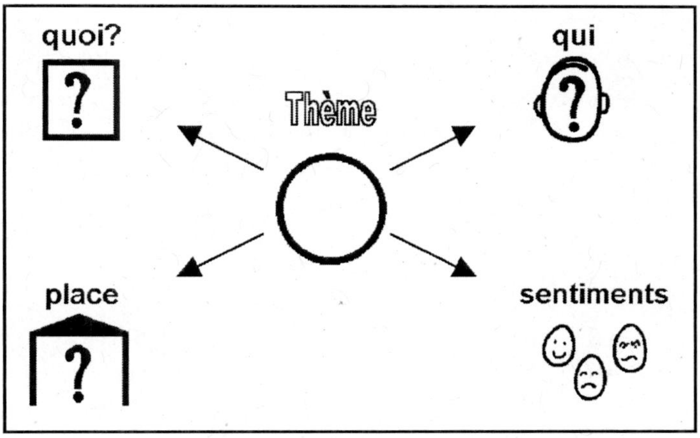

- Aidez l'enfant à structurer son évocation pour qu'il se représente le déroulement des séquences et en fasse le récit de façon cohérente. Ainsi, l'enfant apprendra à raconter des événements plus complexes en tenant compte des étapes: début, milieu et fin. Les expériences peuvent être écrites ou dessinées dans un journal de bord.

Améliorer les habiletés de conversation

Certains enfants autistes n'arrivent pas à soutenir un échange en posant des questions, en émettant des commentaires, en apportant des informations et en répondant à des questions. La conversation ressemble plutôt à un échange question-réponse où le tour de parole est inexistant. Les difficultés à s'insérer dans une conversation découlent également de l'attitude non verbale qui n'est pas toujours adaptée au contexte. Le contact visuel peu modulé, une posture corporelle inadéquate, une expression des émotions non dirigées vers l'interlocuteur donnent une allure étrange à l'échange. La participation

(...)

(suite)

à une conversation réciproque reste donc difficile, d'autant plus que l'enfant autiste s'intéresse peu aux sujets d'intérêt des autres. Il se dirige souvent vers des thèmes répétitifs qui font partie intégrante de ses intérêts restreints.

- Réagir aux amorces de l'enfant. Par exemple, profitez d'un commentaire émis par l'enfant du type « j'aime le cinéma » pour engager une conversation.
- Évitez de ne poser que des questions dont la réponse se résume à oui ou non: « As-tu vu le film avec les singes ? » Éviter également de surcharger l'enfant de questions de vérification de connaissances (« de quelle couleur est la carotte ? ») qui permettent moins la poursuite d'un échange conversationnel.
- Laissez des moments de silence pour permettre à l'enfant de prendre une part active à l'échange. Le principe du tour de rôle (à toi, à moi) est primordial dans une conversation.
- Faites des amorces pour inviter l'enfant à vous questionner. Par exemple, montrez-lui une photo de votre chien lorsque vous étiez enfant.
- En service de garde ou en milieu scolaire, un bref moment déterminé au début de la journée pour se dire bonjour et faire une petite causerie en groupe peut permettre de travailler les habiletés de conversation. Il est préférable de s'en tenir à une seule question simple et stimulante.
- Planifiez des moments circonscrits dans la journée au cours desquels l'enfant peut vous parler de ses intérêts spécifiques. Profitez-en pour le questionner en tentant d'élargir son thème privilégié.

- Préparez de courts scénarios qui serviront de guide pour converser. Ainsi, les tours de paroles pourront être inscrits afin de placer l'enfant dans une situation active: maman pose une question, l'enfant donne la réponse, l'enfant pose une question et maman répond. Il est ensuite possible d'ajouter des commentaires ou des demandes d'information, le tout illustré avec des pictogrammes. L'attitude non verbale montrant la disponibilité et l'intérêt pour la discussion sera également représentée.

Interactions sociales

Les enfants avec un trouble envahissant du développement présentent des particularités dans le traitement des informations sensorielles, que ce soit pour enregistrer, moduler ou intégrer ces informations. Il en découle, entre autres, des difficultés de conscience corporelle, de conscience de soi, d'autorégulation et de conscience de son environnement. Il sera nécessaire de considérer ces difficultés dans nos interventions au plan des interactions sociales en ayant comme objectif de permettre à l'enfant un meilleur contact avec lui-même et avec son environnement.

L'enfant qui présente un trouble envahissant du développement a souvent de la difficulté à faire la distinction entre ses intentions, ses désirs et ceux des autres. La différenciation entre lui et les autres étant généralement peu construite, il éprouve des difficultés à comprendre et à reconnaître les émotions des autres, et il montre peu de capacités d'introspection et d'empathie.

Plusieurs de ces enfants montrent des difficultés à décoder de façon juste l'ensemble d'une situation

(...)

(suite)

interactive, à faire les inférences nécessaires pour comprendre les émotions et les intentions des personnes impliquées dans la situation. Les enfants vont plutôt tenir compte d'éléments isolés au détriment de l'ensemble de la situation, et ainsi mal ajuster leur réponse ou leur comportement.

Chez eux, la socialisation peut être caractérisée par des difficultés à initier des contacts, à répondre aux approches des autres enfants, à jouer avec d'autres enfants de façon coopérative en considérant les règles du jeu, à interagir avec les adultes significatifs et à reconnaître les figures d'autorité. Ne sachant pas comment réagir en fonction de certains indices sociaux, les enfants avec un trouble envahissant du développement peuvent alors être perçus comme des enfants malhabiles et être victimes de rejet, alors que certains d'entre eux expriment le désir d'avoir des amis. Par exemple, il peut être difficile d'adopter des habiletés adéquates pour faire des requêtes et des demandes d'aide, entrer en contact, protester, attendre son tour, réagir aux situations d'échec, etc.

Favoriser le développement de sa conscience de lui-même, de son sentiment d'identité et d'estime de soi

L'enfant prend d'abord conscience de son corps et de ses actions sur l'environnement pour ensuite être capable de reconnaître ses émotions et celles des autres et ainsi pouvoir lire les situations sociales et y réagir adéquatement. En accompagnant verbalement l'expérience de l'enfant, en l'aidant à évoquer et à verbaliser ses expériences, nous nous assurons de l'intégration adéquate des différentes expériences sensorimotrices, émotionnelles et relationnelles qu'il vit ainsi que de la justesse de sa compréhension. Cela favorise le développement de sa conscience de lui-même, de ses capacités d'autorégulation et de son estime de lui-même.

- À partir d'activités sensorimotrices et motrices adaptées aux besoins de l'enfant, accompagnez ce dernier en nommant son expérience corporelle immédiate: l'action, la sensation, la partie du corps, le jouet ou l'instrument utilisé, etc. Amenez également l'enfant à nommer son expérience corporelle afin de l'aider graduellement à en prendre conscience. Dans les jeux moteurs, amenez l'enfant à anticiper, planifier et nommer le geste, l'action ou le mouvement qu'il exécute. Par exemple, faire nommer la séquence d'un parcours moteur ou d'une tâche à l'enfant.

- Lors des différentes situations de vie partagées avec l'enfant, profitez-en pour donner un sens à son expérience immédiate, en utilisant un langage simple et descriptif. Par exemple, nommez à l'enfant ce qu'il mange, la personne avec qui il joue, ce qu'il fait, comment il le fait.
- À la fin d'une activité partagée avec l'enfant, aidez-le à évoquer et à verbaliser en recourant au « je »: ce qu'il a fait, quels moyens il a utilisés et quels sont les résultats. Ces verbalisations au sujet de ses activités contribueront à l'intégration de l'expérience de l'enfant et au développement graduel de son sentiment d'identité propre et d'estime de soi.

Favoriser le décodage des émotions, des situations interactives et des relations significatives

Il est possible d'aider votre enfant à identifier les actions, les émotions, les intentions des autres dans les situations sociales du quotidien. Aidez-le également à comprendre les liens entre les événements et leurs conséquences. Amenez-le à reconnaître comment ses actions influencent son entourage et aidez-le à trouver des solutions.

- Profitez des événements du quotidien pour aider l'enfant, dans le moment présent, à mieux comprendre et réagir. Si nécessaire, fournissez-lui, sur le champ, un modèle de communication ou d'interaction mieux adapté à la situation.

- Profitez également de ces événements du quotidien pour aider l'enfant à évoquer et verbaliser ses différentes expériences. Il est important de relever autant les situations positives que celles qui sont plus difficiles.
- Lorsque se présente une situation chargée d'émotion, revenez-y verbalement avec l'enfant, à l'aide d'éléments visuels si nécessaire. Amenez-le à raconter avec des mots simples et descriptifs ses actions, ses intentions, ses émotions, ainsi que leurs causes et leurs conséquences. Assurez-vous de sa compréhension et évitez qu'il se satisfasse d'expressions trop générales comme: « J'ai pas écouté, j'ai été gentil », qui peuvent masquer une incompréhension de son expérience. S'il n'y arrive pas, l'adulte peut identifier et nommer les émotions et les intentions des autres pour lui apprendre à faire les liens de causalité.
- Il est important de décortiquer les situations relationnelles mais aussi les indices non verbaux comme les expressions faciales, les mimiques, les intentions des gestes, les postures et les regards. Pour ce faire, vous pouvez relever et nommer ces indices dans les activités du quotidien avec les adultes et les pairs. Ce décodage peut être également pratiqué dans des jeux au miroir et des jeux en face à face, dans des livres imagés ou à l'aide de photos, ou encore avec des jeux de mimes.
- Utilisez des livres d'histoires, des films simples et des jeux de rôles pour améliorer la compréhension des émotions et des intentions ainsi que pour susciter chez l'enfant une réflexion en prévision de situations où il pourrait être directement engagé. Pratiquer ce type

d'activités permet à l'enfant d'expérimenter des stratégies d'habiletés sociales sans être impliqué émotionnellement. Cette distance émotive permet à l'enfant d'apprendre sans se sentir menacé ou jugé.

- Chez l'enfant qui a acquis la lecture, aidez également à l'apprentissage des habiletés sociales avec les scénarios sociaux [10]. Ces scénarios sont de petites histoires écrites qui décrivent et expliquent de façon simple et claire une situation sociale et qui fournissent un modèle de réponse ou de comportement adapté à cette situation.
- Amenez l'enfant à raconter un fait de sa journée, puis invitez-le graduellement à raconter plusieurs faits ou une séquence d'activités réalisées dans un délai plus éloignée (ex: hier, la fin de semaine dernière, etc.). Au besoin, utilisez des appuis visuels (ex.: un bricolage, son agenda).
- Comme la pensée des enfants avec un trouble envahissant du développement est concrète, évitez d'utiliser des expressions à double sens, des métaphores, l'ironie, le sarcasme, les subtilités, l'humour, qui rendent les discours incompréhensibles, car l'enfant les prendra au pied de la lettre. Par exemple, il sera terrifié à l'idée que « le chat a mangé sa langue ». Graduellement, offrez un inventaire de ces expressions à l'enfant.
- Aidez l'enfant à reconnaître les types de relation entre les gens: amitié, camaraderie, figure d'autorité, familiarité, intimité, étrangeté, ennemi. Dans les faits, il est fréquent de voir un enfant avec un trouble envahissant du développement qui ne s'ajuste pas selon le type de relation. Par exemple, il va se montrer affectueux envers un inconnu ou il considère l'enfant qui le méprise comme son ami; il a en public des comportements qui devraient être réservés au domaine privé. Parfois, les jeunes enfants ne démontrent pas

de méfiance face aux étrangers et s'éloignent de leurs parents sans avertissement. Il peut nous paraître surprenant d'avoir à enseigner et à décortiquer les relations humaines de base, mais ce qui semble évident pour le plus grand nombre d'entre nous n'est pas décodé instinctivement par l'enfant avec un trouble envahissant du développement. Il est donc important de définir la différence entre amitié, relations significatives et autres types de relation.

- Décrivez à l'enfant, par exemple, ce qu'est un ami et voyez avec lui qui, dans son entourage, il peut qualifier d'ami. Expliquez la distinction entre une relation positive (ami) et négative (enfant qui se moque de lui). Vous pouvez utiliser des expériences vécues ou des albums de photos.
- Nommez qui sont les adultes qui décident afin qu'il reconnaisse les figures d'autorité.
- Enseignez-lui à décoder les attitudes prosociales par opposition aux attitudes antisociales. Décrivez les diverses actions d'un bon ami (partage, invitation, écoute, empathie, protection, justice, coopération, aide, consolation, compliments et confiance) par opposition aux attitudes qui contribueraient au rejet par les pairs (tricherie, insulte, agressivité, mauvais perdant, blâme, moquerie, chantage et taxage). Ces concepts peuvent êtres enseignés soit par des histoires sociales dessinées soit par des discussions et des réflexions suite au vécu immédiat de l'enfant.

Développer des habiletés prosociales

Les habiletés qui sont énumérées ici peuvent se développer autant à la maison avec la fratrie, les amis du voisinage ou la famille éloignée, qu'en petit groupe de pairs à la garderie ou à l'école. Il s'agit de créer un réseau social qui permettra à l'enfant de développer des relations significatives (stables et constantes) avec les adultes et les enfants qui l'entourent. N'hésitez pas à inviter des enfants à la maison pour créer des situations d'interactions en lien avec les intérêts de l'enfant.

Souvent, les moments les plus difficiles à gérer pour les enfants avec un trouble envahissant du développement sont les moments les moins structurés. Nous constatons par exemple que, dans les périodes de jeux libres où les enfants sont laissés à eux-mêmes, où les imprévus sont plus fréquents et où les situations sont davantage anxiogènes (récréations, service de garde, moments des repas), les enfants avec un trouble envahissant du développement peuvent se montrer maladroits ou trop directs, manquer de tact, manquer d'initiative ne pas tenir compte des idées des autres et chercher à contrôler ou à fuir dans leurs échanges avec les autres enfants. Soulignons que ces comportements ne découlent pas de caprices ni de mauvaises intentions, mais plutôt d'un manque de moyens pour réagir face à l'anxiété. Néanmoins, ces comportements peuvent placer l'enfant en situation de vulnérabilité et provoquer un rejet de la part des pairs. Il est donc possible et important d'outiller l'enfant afin qu'il puisse utiliser un inventaire de comportements prosociaux qui ne sont pas naturels chez lui.

Les habiletés sociales sont souvent apprises de manière rigide au départ, ce qui nécessite de les pratiquer en variant les formulations et les contextes d'application pour favoriser la spontanéité. Les habiletés que nous présentons ici ne sont pas à pratiquer à la lettre. Dans le vécu partagé, l'adulte qui accompagne l'enfant aide celui-ci à observer et à analyser les situations sociales et ses besoins, ce qui mènera à privilégier certaines habiletés prosociales.

Les habiletés prosociales pouvant être enseignées sont les suivantes:

- Amener l'enfant à initier l'interaction avec un pair. Cet apprentissage est important, car il rend l'enfant disponible à son environnement social et renvoie à l'autre un message d'ouverture. Montrer à l'enfant comment saluer, interpeller, se présenter (se nommer), inviter un ami à se joindre à son jeu ou à s'intégrer dans le jeu de l'autre et proposer des idées. Il est à noter qu'il faut également montrer à l'enfant qu'il existe une différence dans la façon d'aborder un étranger, une figure d'autorité et un camarade.

- Amener l'enfant à prendre l'initiative de mettre fin à une interaction et respecter ses refus. Montrer à l'enfant comment annoncer son départ, sa fatigue, son intention de terminer l'activité ou la conversation en cours. Montrer à l'enfant comment exprimer un refus de façon socialement acceptable: « non », « je ne veux pas ». Il est important que l'enfant sente qu'il a la liberté de refuser ou de mettre fin à une interaction de façon appropriée. Ceci peut se faire par des rappels verbaux et en lui donnant l'approbation lorsqu'on détecte son désir de quitter. Utiliser ces habiletés permet d'éviter des frustrations chez l'enfant et des comportements brusques d'abandon.
- Amener l'enfant à maintenir l'échange, à participer activement et à tenir compte de l'autre. Comme nous l'avons dit précédemment, en analysant les situations sociales avec l'enfant et en lui « reflétant » l'impact de ses actions sur les autres, on l'amène à choisir des comportements prosociaux et à les appliquer. Il est parfois nécessaire de fournir à l'enfant un inventaire de comportements sociaux adaptés ou une liste de règles à suivre: écouter les consignes, attendre son tour, être attentif aux actions des autres, proposer des idées, accepter de varier les thèmes abordés selon les intérêts des autres, vérifier l'intérêt de son interlocuteur, accepter d'essayer une nouvelle façon de faire, se rendre compte de la place qu'il prend, éviter de prendre toute la place, respecter et accepter les idées des autres, etc.

- Amener l'enfant à partager. Encourager le partage entre les pairs. Susciter des situations où l'enfant peut prendre l'initiative de partager un jouet, une collation, une idée, etc. Par exemple, diminuer le nombre d'objets disponibles afin de provoquer un échange.
- Amener l'enfant à attendre son tour. À l'aide d'activités interactives qui motivent l'enfant, il est possible de le stimuler à attendre son tour et à rester présent à l'activité même lorsque ce n'est pas son tour. Indiquer concrètement les tours de rôles par des indices visuels et des indices verbaux: « C'est le tour de... ». Au besoin, fournir de l'aide physique.
- Amener l'enfant à connaître et à utiliser des formules de courtoisie. Montrer les formules d'excuses, par exemple lorsque l'enfant doit interrompre une discussion. Montrer les formules de remerciements et s'assurer qu'elles sont adressées à l'interlocuteur.
- Amener l'enfant à travailler en équipe et à apprendre les attitudes de coopération. Amener l'enfant à travailler avec un partenaire avant de le mettre en sous-groupe. Parfois, il est avantageux de jumeler un enfant à un camarade plus vieux (système de mentorat) pour qu'il ait un modèle rassurant. Par ailleurs, le jumeler avec un enfant plus jeune peut lui permettre de vivre des succès et d'enrichir son estime de soi puisqu'il est en position de *leader* positif. Dans le travail en équipe, valoriser les forces scolaires et les intérêts particuliers du jeune avec un trouble envahissant du développement pour augmenter sa confiance et son sentiment de fierté. Dès que l'enfant a démontré suffisamment de compétence en dyade, le placer dans un sous-groupe avec un but ou un projet commun. Déterminer à l'avance son apport dans le groupe. Choisir le thème en fonction du désir collectif. Dans la planification et l'organisation des actions à poser, aider l'enfant à

identifier les rôles de chacun et attribuer un rôle bien spécifique à l'enfant. Par exemple, nous planifions le projet de jouer à l'épicerie. L'enfant est compétent pour compter l'argent. On lui attribue le rôle de caissier en le prévenant qu'il y aura un tour de rôle pour ce personnage. Nous divisons en séquences ce que fait chaque participant et ce que fait le caissier pour aider les enfants à poser leurs actions. Parfois, les enfants avec un trouble envahissant du développement tendent à devenir trop *leader* dans ces situations et dictent au groupe une conduite ou cherchent à le diriger; il faut alors lui rappeler la planification de départ. Il peut être intéressant de donner une responsabilité à l'enfant face au groupe (par exemple, distribuer les sous à chacun).

- Amener l'enfant à garder une certaine distance interpersonnelle. Parfois, les enfants avec un trouble envahissant du développement tendent impulsivement à vouloir faire à la place des autres ou à envahir leur espace. Dans ce cas, il est important de lui faire remarquer son comportement et de désigner des emplacements concrets à chaque participant (ex. : chaises, cerceaux, tapis) pour aider à délimiter la place qu'il a le droit d'occuper.

Voici quelques moyens pour stimuler les habiletés prosociales:

- La supervision d'un adulte est importante, surtout au début de l'intégration de l'enfant. Le rôle du superviseur est, dans un premier temps, de soutenir l'enfant dans ses initiatives et, dans un deuxième temps, de l'outiller en vue d'accroître son autonomie. Pour que l'enfant ne dépende pas du soutien constant, le superviseur peut graduellement diminuer sa présence directe et laisser l'enfant se débrouiller dans ses expériences de groupe.

- Illustrer les étapes des initiatives que prend l'enfant en passant préalablement par un modèle concret. Pour ce faire, un modèle imagé (photos, pictogrammes) ou verbal (une formulation ou des indices verbaux ou gestuels) peut être proposé à l'enfant.
- Pour s'exercer à ces initiatives, on peut faire des mises en situation: petits jeux de rôle ou jeux symboliques (jouer avec des figurines, des marionnettes) selon le niveau de représentation de l'enfant.

Résoudre des conflits

D'autres habiletés interpersonnelles peuvent être travaillées ; par exemple, résoudre des conflits, apprendre à maîtriser ses émotions et ses réactions, gérer les comportements antisociaux venant de l'extérieur. L'important est de passer essentiellement par des moyens concrets et de s'assurer préalablement que l'enfant comprenne les liens de causalité et la séquence d'une situation interactive.

- Amener l'enfant à analyser la situation conflictuelle, à décoder et gérer les émotions, à faire preuve d'autorégulation et de contrôle de soi, à trouver des stratégies de résolution de problèmes, à en choisir une et à l'appliquer (apprendre à négocier, à protester, à s'affirmer, à demander de l'aide, à faire des compromis, à partager, à aller chercher un adulte). Il est possible de vérifier la compréhension et la perception que l'enfant a d'une situation en le questionnant pour, par la suite, corriger la lecture erronée. Par exemple: « Pourquoi le petit garçon a donné un coup de pied sur la voiture ? » Utiliser des histoires (histoires imagées, films, scénarios sociaux) pour amener l'enfant à comprendre les liens de causalité dans une situation conflictuelle (le déclencheur du conflit, les émotions impliquées, anticiper les conséquences et les solutions). Enseignez à votre enfant comment réagir en fonction de certains indices sociaux, des émotions des autres. Fournissez-lui un répertoire de réponses à utiliser dans différentes situations sociales. Il s'agit donc de lui apprendre quoi dire et comment le dire en pratiquant ces habiletés sociales sous forme de jeu de rôle. Lorsque l'enfant vient de vivre une situation de conflit, attendez qu'il se soit calmé et qu'il soit disponible avant de l'amener à entreprendre ce processus de résolution de problèmes.

- Amener l'enfant à gérer ses émotions et à maîtriser ses frustrations. Utilisez un appui visuel (échelle graduée, thermomètre, calmomètre) pour aider l'enfant à identifier ses émotions de base (joie, colère, peur, tristesse), leur intensité (très fâché, un peu fâché, neutre, content, très content), et plus tard ses émotions plus complexes. Enseignez à l'enfant à associer l'émotion ressentie avec la situation vécue. Montrez à l'enfant à gérer les émotions soit en l'aidant à trouver un endroit où la manifester (ex. : crier dans son oreiller) ou en l'aidant à l'exprimer par des mots simples (ex. : « je suis fâché »). C'est important que l'enfant s'affirme et ait la chance de s'exprimer avant que l'émotion soit trop intense. Par exemple, lui montrer comment protester en utilisant des indices concrets et en décortiquant le comportement à adopter. Lorsque l'enfant est calme, il est possible de reprendre une situation qui a été difficile, en identifiant avec l'enfant ce qui est interdit et ce qui est permis dans l'expression de ses émotions (ex.: interdit de frapper, verbaliser plutôt sa colère). Validez l'enfant dans son émotion pour qu'il accepte de vivre sa frustration et qu'il soit plus à l'aise de l'exprimer.
- Tolérer la frustration et augmenter la capacité de faire des compromis. Apprenez à l'enfant qu'il ne peut pas tout contrôler dans son environnement et que, parfois, une des solutions est de faire des compromis. Il faut d'abord lui enseigner le concept de compromis qui est

de faire quelque chose qu'il n'aime pas ou de compléter une exigence ou d'avoir de la flexibilité dans ses opinions. Il peut aussi être utile de diminuer les sources de frustration de le prévenir que ce qui est demandé est un défi et que l'adulte est là pour l'aider. Anticipez les moments qui peuvent susciter des frustrations et aidez l'enfant à être conscient de ses réactions en le préparant à l'éventualité d'un échec par exemple, ou de perdre à un jeu. Dans un jeu à tour de rôle, vous pouvez demander à l'enfant : « Qu'est-ce qui va arriver si tu perds ? » Il est également possible de créer des situations avec de petites frustrations pour les dédramatiser afin que l'enfant vive des succès malgré les défis. En aidant l'enfant à tolérer des frustrations, nous l'aidons à faire face à l'échec, à accepter de perdre, à ne pas réussir du premier coup, à faire des erreurs. Les enfants avec un trouble envahissant du développement tendent souvent à être perfectionnistes et tolèrent mal que tout ne soit pas parfait (ratures sur leur dictée, saletés, etc.). Dans ce cas, il est essentiel de dédramatiser ces désagréments en portant peu attention aux imperfections et en faisant nous-mêmes ces erreurs, et d'en rire.

- Amener l'enfant à se protéger des taquineries et de l'intimidation. Aidez l'enfant à cibler les personnes qui ont tendance à taquiner les autres et à adopter comme premier moyen de ne pas aller vers eux. Mettez l'accent sur les relations amicales positives et encouragez-le à aller vers ce groupe d'amis ou à essayer de s'en faire de nouveaux. Par ses comportements particuliers, ses intérêts répétitifs ou son attitude de contrôle, l'enfant est parfois l'instigateur des taquineries. Dans ce cas, il est important d'aider l'enfant à prendre conscience de l'impact de ses comportements sur les autres. Encore une fois, proposez-lui des alternatives et des solutions pour qu'il sache comment réagir aux taquineries et faites-le pratiquer à l'aide de jeux de rôle ou par les scénarios sociaux[11]. Pour éviter que la situation ne se détériore, il est important d'instaurer une communication étroite entre l'école et la famille et de repérer une personne ressource (professeur, éducateur spécialisé, accompagnateur, pair plus vieux, psychoéducateur, surveillant, concierge, etc.) à qui l'enfant peut s'adresser en cas de taquinerie ou d'intimidation.

En conclusion, nous citerons la phrase d'un parent qui dit bien ce que nous souhaitons à un enfant avec un trouble envahissant du développement intégré dans un groupe de pairs : « On met des lunettes à un enfant myope pour qu'il voit le tableau, on doit fournir des lunettes à un enfant avec un trouble envahissant du développement pour qu'il décode le tableau. » Nous ajoutons qu'il est également possible d'adapter la matière écrite au tableau afin qu'elle soit compréhensible pour l'enfant qui présente un trouble envahissant du développement.

Comportements stéréotypés et intérêts restreints

Les comportements stéréotypés et les intérêts restreints ont une valeur diagnostique énumérée dans le manuel diagnostique DSM-IV[2]. Ils comprennent les mouvements stéréotypés du corps comme les maniérismes complexes (courir de long en large avec des mouvements des bras allongés, par exemple) ; les maniérismes des mains et des doigts comme les battements des mains (flapping); les intérêts sensoriels inhabituels dans le matériel, comme fixer des objets en mouvement avec un regard de côté; les intérêts de jeux répétitifs, comme les voitures, les moyens de transport, les animaux en général et les dinosaures en particulier.

(...)

(suite)

Les parents rapportent à un âge précoce des comportements stéréotypés et des intérêts restreints chez leur enfant autiste. Ils identifient, entre autres, une hypersensibilité ou une hyposensibilité au son, au toucher, au goût, à la douleur; des comportements visuels inhabituels, une attention visuelle instable; des jeux répétitifs avec des objets durs; des mouvements répétitifs du corps et des postures étranges.

Avant d'aborder les interventions sur le plan des comportements stéréotypés et des intérêts restreints, il est important de souligner l'importance et la valeur adaptative que peuvent avoir ces derniers comportements. Les interventions proposées ne viseront surtout pas à supprimer ces comportements, mais plutôt à mieux les comprendre, à mieux y répondre et à mieux les utiliser pour faciliter l'adaptation de l'enfant avec un trouble envahissant du développement à son environnement. Ces enfants s'intéressent souvent à des expériences sensorielles inhabituelles et à certains jeux de façon répétitive et peu variée dans l'exécution, bien qu'ils y prennent un plaisir évident. Leur démarche d'exploration et d'apprentissage est différente de celle des autres enfants de leur âge. Il est donc important de considérer, de respecter et d'utiliser les caractéristiques cognitives spécifiques de ces enfants afin de maximiser leurs capacités d'apprentissage.

Considérer les mouvements répétitifs de l'enfant

Votre enfant peut présenter des mouvements répétitifs du corps, sous la forme de maniérismes des mains ou des doigts ou d'autres maniérismes complexes du corps. Ces comportements peuvent avoir une fonction adaptative ; il est donc important de les permettre à votre enfant. Ces comportements peuvent également traduire certains besoins de stimulation chez votre enfant. En collaboration avec l'ergothérapeute qui l'a évalué, vous pouvez lui offrir certaines activités sensorielles et motrices qui répondront à ses besoins de stimulation.

Si la fréquence de ces comportements est très élevée ou s'ils se manifestent à des endroits inappropriés (garderie, école, etc.), il est possible de rassurer votre enfant en lui disant qu'il a droit à des moments spécifiques pour ces comportements (retour à la maison, moments désignés à la garderie ou à l'école). Il est alors nécessaire de bien les lui indiquer par des repères visuels concrets ou verbaux. Ces interventions ne visent surtout pas à supprimer ces comportements, mais à les circonscrire à des moments spécifiques, ceci afin de favoriser la participation de votre enfant à différentes activités et d'éviter les situations de rejet social et d'intimidation. Il est toujours possible d'expliquer aux pairs et aux autres personnes de l'entourage la signification des comportements stéréotypés de votre enfant et, surtout, leur nécessité pour lui.

Considérer les particularités sensorielles de l'enfant

En collaboration avec l'ergothérapeute qui a évalué votre enfant, il vous sera possible d'identifier son profil sensoriel: hypersensibilité ou hyposensibilité aux plans tactile, gustatif, visuel, auditif, olfactif, vestibulaire et proprioceptif. Ce profil permettra de mieux comprendre les réactions de votre enfant à l'égard de son environnement social et physique comme, par exemple, lorsqu'il réagit en se mettant les mains sur les oreilles et en pleurant quand vous actionnez le mélangeur électrique.

L'identification du profil sensoriel permettra également la mise en place de conditions qui respecteront les particularités sensorielles de l'enfant dans la vie quotidienne, et la mise en place d'activités de stimulation qui répondront à ses besoins sensoriels.

- Avec les très jeunes enfants, choisissez des activités sensorimotrices qui les intéressent déjà. Considérez son profil sensoriel, tant au point de vue de ses défenses que de ses besoins, pour lui faire vivre des expériences qui stimulent tous ses sens (gustatif, olfactif, tactile, visuel, auditif, vestibulaire et proprioceptif).
- Offrez des activités avec une composante sensorielle et tentez d'élargir le champ d'activités de l'enfant pour développer ses apprentissages, en misant sur le plaisir et l'intérêt qu'il peut y prendre. Par exemple, votre enfant peut s'intéresser à un jeu avec composante lumineuse ou sonore qui permet également l'apprentissage des chiffres, des couleurs, des lettres et des formes.
- Utilisez les activités qui ont une composante sensorielle pour favoriser l'acquisition de comportements adéquats, le développement d'apprentissages préscolaires ou scolaires, la persévérance dans des activités qui ne font pas partie de ses intérêts particuliers, etc.
- En répondant aux besoins sensoriels de l'enfant, on favorise son bien-être et une plus grande disponibilité aux activités proposées. Pour multiplier ses expériences sensorielles, motrices et perceptives, on part de ses centres d'intérêt et on utilise du matériel comme des bulles, des blocs, des jets d'eau, des balançoires, des glissades, etc. On explore les jeux d'action-réaction ou les jeux tactiles, les encastrements, etc.

Il peut également être nécessaire de modifier l'environnement lorsque votre enfant présente trop de réactions défensives par rapport à un stimulus. Votre enfant peut être exposé graduellement à un stimulus aversif pour lui. Toutefois, cette exposition doit se faire en observant minutieusement les réactions de l'enfant et avec le soutien de l'ergothérapeute qui connaît votre enfant. Par exemple:

- Réduire le volume de certains appareils ménagers pour que l'intensité soit graduellement tolérée par votre enfant.
- Avertir préalablement votre enfant des bruits qui surviennent subitement.
- Exposer votre enfant aux bruits des pleurs de bébé ou à tout autre bruit sur une cassette dont il est possible de contrôler l'intensité et la durée.

Que ce soit à l'égard de stimuli de l'environnement sources de plaisir ou anxiogènes, il est important de passer par des moyens concrets et visuels pour informer l'enfant du comportement qu'on attend de lui, de certaines caractéristiques environnementales qui pourraient l'affecter et, s'il y a lieu, des modifications qui seront apportées à son environnement. Il pourra alors mieux anticiper les événements, ce qui contribuera à réduire son anxiété.

Développer l'exploration à partir des intérêts de l'enfant

L'enfant avec un trouble envahissant du développement présente des intérêts marqués et répétitifs pour certains jeux (par exemple, les jeux visuels et sonores action-réaction, les trains et les voies ferrées) ou pour certains thèmes (Pokémons, dinosaures, noms des pays et drapeaux). La plupart du temps, ces intérêts correspondent à des particularités sensorielles et cognitives (pics d'habiletés). En effet, l'évaluation intellectuelle de l'enfant permet d'identifier ses capacités cognitives et le profil de ses forces et de ses difficultés. Le profil cognitif peut montrer certaines pointes de performance ou pics d'habiletés. Ces performances dans des domaines spécifiques peuvent être supérieures au reste de ses capacités cognitives.

Ces capacités supérieures peuvent concerner toute étape du traitement de l'information: de la perception (les casse-têtes ou puzzle, par exemple), jusqu'à la mémorisation d'un matériel écrit ou verbal (par exemple, une liste des espèces de dinosaures avec leurs caractéristiques, ou les répliques d'un script de film). Les capacités spéciales de l'enfant seront souvent révélées par son domaine d'intérêt restreint, comme faire des casse-tête à répétition ou mémoriser et parler sans cesse des dinosaures. Ce domaine des intérêts restreints est donc, pour les parents et les intervenants, une source importante d'information pour aider l'enfant à développer ses intérêts et ses apprentissages.

Enrichir les intérêts de l'enfant

On observe d'abord ce qui intéresse l'enfant. On y ajoute ensuite des stimuli, des compléments ou des renseignements. Voici quelques conseils pour respecter les modalités cognitives des enfants présentant un trouble envahissant du développement ainsi que pour susciter leur intérêt et développer leurs capacités d'apprentissage. Pour l'organisation des activités, se référer également à la partie de notre guide intitulée *Les bases de l'intervention*. Se rappeler que, dans la planification horaire de l'enfant, il est important de lui réserver des moments spécifiques pour des activités liées à ses intérêts marqués et de l'en informer.

- On présente à l'enfant du matériel susceptible de l'intéresser (jeux sensoriels visuels ou sonores, matériel écrit ou audio).
- Le jeu ou le matériel doit être présenté, organisé ou expliqué à l'enfant de façon claire et sans ambiguïté. En d'autres mots, la présentation doit faire en sorte que le matériel parle par lui-même.
- On enseigne à l'enfant de façon implicite, c'est-à-dire par démonstration visuelle et concrète avec un minimum d'explications verbales.
- Que l'information soit visuelle (par exemple, représentations imagées des étapes d'une activité) ou auditive (séquences verbales d'un horaire), un contenu structuré

et constant dans ses différentes présentations facilitera l'apprentissage pour l'enfant.

- On choisira des objets, des jeux et des thématiques dont les composantes sont perceptives et logiques. Des jeux action-réaction avec effets visuels et sonores par exemple, des jeux d'encastrement représentant des thèmes qui intéressent l'enfant (animaux, voitures), des jeux électroniques et des jeux sur écran, des livres imagés, des livres documentaires.

Développer le jeu de « faire semblant » et le jeu symbolique

Sur le plan cognitif, nous avons déjà mentionné certaines difficultés reliées aux fonctions exécutives chez les enfants avec un trouble envahissant du développement. Ces difficultés peuvent se manifester, entre autres, par un manque de capacités à produire spontanément une nouvelle représentation ou un travail créatif. Ces particularités peuvent rendre compte des difficultés de ces enfants à développer le jeu de « faire semblant » et le jeu imaginaire. Les enfants présenteront des difficultés à imaginer une information absente, à choisir entre plusieurs situations et inférences possibles, et à élaborer un court scénario.

Les enfants peuvent également manifester des difficultés à distinguer le réel et l'imaginaire. Ces difficultés sont fréquemment des sources d'anxiété et nous devons les considérer dans nos objectifs d'intervention auprès de l'enfant.

En situation de demande de jeu symbolique, l'enfant peut présenter différentes réactions comme celle de s'intéresser exclusivement aux paramètres physiques des objets en les manipulant de façon répétitive et sans aucune élaboration symbolique (par exemple, aligner, faire voler et tomber les figurines en fixant leur trajectoire), ou celle de répéter tel quel un scénario de ses jeux vidéo.

Améliorer les capacités de jeu

S'intégrer au jeu de l'enfant

- Par exemple, si l'enfant aligne des voitures, l'adulte peut apporter des ficelles pour en faire une route afin que l'enfant aligne les voitures entre les ficelles. Il peut être intéressant aussi de réduire le matériel (ex.: deux voitures plutôt que quinze...), car l'enfant doit alors modifier son jeu.

Il est à noter qu'une salle trop encombrée ne permet pas à l'enfant de maintenir son attention ni d'inventer de nouvelles choses avec un même matériel. Il est important de réduire les stimuli pour permettre à l'enfant d'être plus disponible aux idées de l'adulte et avoir du plaisir dans ce nouveau jeu.

S'adapter au jeu de l'enfant

- L'adulte doit partir des intérêts de l'enfant et si, par exemple, l'enfant aligne des objets, l'adulte peut l'imiter et aligner aussi les jouets, changer l'ordre de l'alignement, les aligner dans un autre endroit dans la maison, etc. Il est important d'effectuer ces changements graduellement pour ne pas brusquer l'enfant et, surtout, pour lui montrer qu'il peut avoir du plaisir avec l'adulte.
- L'adulte peut demander à l'enfant d'échanger un jouet contre un autre pendant un court laps de temps et ensuite de l'échanger à nouveau.
- Il peut aussi montrer de nouvelles actions. Par exemple, chacun a une voiture dans les mains. L'adulte fait entrer la sienne en collision avec celle de l'enfant.
- La notion de plaisir est très importante et, dans toute modification du jeu, il est important de rire et de créer une ambiance détendue. Si l'enfant réagit fortement aux changements, mieux vaut en diminuer le nombre et revenir au jeu initial de l'enfant.

Favoriser des jeux d'échange et de tour de rôle.

- Lancer chacun son tour différents objets (ex.: une balle dans un seau d'eau).
- Ensuite, avec un seul objet, l'avoir en main chacun son tour pour le lancer, commencer les jeux d'échange de ballon, échanger une voiture qui roule au sol, etc.
- Jouer chacun son tour avec le xylophone. Demander à l'enfant un délai, d'attendre son tour en utilisant une comptine ou un décompte (1, 2, 3, go !).
- Augmenter graduellement ce délai (attendre par exemple que la toupie ait cessé de tourner pour l'actionner de nouveau).
- Faire des jeux à la table, chacun son tour (jeux de société avec deux personnes, puis avec trois et quatre personnes). L'enfant doit pouvoir suivre le jeu et savoir à qui est le tour et, surtout, le jeu doit être simple pour que l'enfant soit attentif au tour de rôle.
- Favoriser des activités incluant des actions d'imitation en face à face et devant le miroir (imitation de sons, de gestes, d'actions avec des objets familiers, de mimiques, d'expressions faciales). Par exemple, jouer à « Jean dit… ».

Varier les actions et les règles de jeu avec un même matériel de jeu.

- Les actions ajoutées doivent débuter par des actions concrètes puis, au fur et à mesure que l'enfant participe et commence à initier les actions montrées, les scénarios peuvent se complexifier.
- Favoriser l'imitation pour entrer en relation avec l'enfant. Vous imitez l'enfant et, par la suite, vous introduisez une nouvelle action. Par exemple, l'enfant dispose les animaux par paires. Vous ajoutez des aliments et faites manger les animaux deux par deux

(autres actions: boire, dormir, nager, courir, sauter, danser, etc.). Après les actions connues, vous pouvez ajouter des actions plus relationnelles comme se battre, se réconcilier, s'entraider, se blesser, réparer, se cacher, se retrouver, etc.

Développer le jeu de « faire semblant »

Pour permettre à l'enfant de bien distinguer le réel de l'imaginaire, soulignez-lui ce qui est du « faire semblant » au cours de l'activité. Profitez également des situations réelles pour souligner à l'enfant que ce qu'il est en train de faire, c'est pour de vrai. Par exemple, au cours des collations ou des repas, rappelez à l'enfant: « Maintenant, tu manges pour de vrai », et, au cours du jeu de « faire semblant », rappelez-lui: « Maintenant, tu fais semblant de manger. »

- Faire cette distinction entre le réel et l'imaginaire en accompagnant l'enfant lors du visionnement de films, d'émissions télévisées ou de lecture de livres d'histoires.
- Au début des jeux de « faire semblant », reproduisez les actions connues avec le matériel aimé de l'enfant, en faisant participer l'enfant comme un acteur: il fait semblant de manger des aliments en plastique.
- Ajouter un scénario: par exemple, jouer au restaurant, faites participer l'enfant, donnez-lui un rôle de cuisinier, puis de client.
- Ajouter graduellement des éléments inventés (remplacer par exemple les aliments en plastique par de la pâte à modeler ou des blocs), puis par rien du tout. L'enfant doit alors imaginer ce qu'il y a dans l'assiette.
- Avec les figurines, ajouter des éléments imaginés (par exemple, un bloc rouge devient le feu, une assiette bleue, un lac, etc.).
- Doser l'apport d'imaginaire, apporter un élément nouveau à la fois. Reprenez des scénarios aimés ou des

histoires connues de votre enfant, ajoutez-y une action ou un objet et demandez à l'enfant comment vous pourriez l'ajouter à l'histoire.

Élaborer des scénarios avec ou sans personnage

- Lorsque les actions sont mieux maîtrisées, des scénarios plus élaborés et plus longs peuvent être initiés.
- Reproduire des actions simples avec des objets concrets dans les situations de la vie courante (quelques suggestions de thèmes: téléphone, tâches ménagères, nourriture). Reproduire ces situations avec de petites figurines.
- Reproduire des petites scènes interactives avec des objets (consoler la poupée, donner une piqûre chez le médecin).
- Reproduire avec des figurines des histoires vues dans un livre imagé ou à la télévision (ex.: les trois petits cochons, le roi lion, etc.).
- Reproduire des événements spéciaux ou inventés (pique-nique, fête d'ami, restaurant, parc, école, zoo, safari, cow-boys et indiens au Farwest, etc.).
- Vous pouvez intégrer l'enfant dans le choix du scénario avant de commencer à jouer. Établissez le lieu de l'action, distribuez les personnages, discutez de la façon dont l'histoire commence, de ce qui arrive ensuite et de la manière dont elle se termine. Au besoin, pendant le jeu, rappelez le scénario à l'enfant.
- Si l'enfant est porté à contrôler le jeu, partez de ses idées de scénario, puis ajoutez quelques idées et introduisez-les dans l'histoire avant de jouer.

Utilisez les situations naturelles: les scénarios qu'il connaît de la vie quotidienne ou qu'il a vus dans un livre, à la télévision.

Ajoutez des appuis visuels pour identifier le rôle de chaque enfant (images, photos épinglées sur chacun comme l'image d'un cuisinier, d'un caissier) et poursuivez les étapes du jeu (suivre une histoire photographiée en séquences ou dans un livre).

Comportements inappropriés

Considérant l'ensemble des particularités des enfants qui présentent un trouble envahissant du développement, il est facile d'imaginer que ces derniers peuvent réagir à leur environnement par différents comportements. Ainsi, face à une incompréhension verbale, une absence de disponibilité, un mauvais décodage social, une « agression » sensorielle, certaines manifestations comportementales sont possibles. Il faut se rappeler que les enfants qui présentent un trouble envahissant du développement réagissent grandement aux imprévus et sont souvent très sensibles aux changements et à la nouveauté. Ils peuvent devenir mal à l'aise dans les endroits qu'ils ne connaissent pas, avec des gens ou des jeux nouveaux. Ils ont besoin de temps pour apprivoiser l'environnement et les personnes. Ils se sécurisent à partir d'un cadre (structure spatiale et temporelle), d'une routine bien structurée, de règles et de limites claires.

Par ailleurs, ces enfants développent souvent une rigidité dans les routines et ils ont de la difficulté à assouplir leurs façons de faire. Bien contrôler l'environnement leur permet souvent d'éviter les situations qui sont source d'inconfort et d'insécurité pour eux.

Comprendre les comportements

Il est important d'observer afin de comprendre ce qui peut engendrer les comportements problématiques et nuire au bien-être et à l'évolution des enfants. À cet égard, le psychoéducateur ou la psychoéducatrice qui a évalué votre enfant ou qui intervient auprès de lui peut grandement vous aider.

- Tel que mentionné précédemment, la plupart des enfants avec un trouble envahissant du développement présentent des difficultés à traiter les informations sensorimotrices qui concernent leur corps et le monde extérieur. Il est donc important d'identifier ces particularités, en collaboration avec l'ergothérapeute. Il faut également observer l'impact de ces particularités sur les capacités de communication de l'enfant, sur ses capacités d'interaction, d'apprentissage et d'adaptation à son environnement.
- Les comportements problématiques peuvent également découler des difficultés de l'enfant à comprendre les situations, au plan verbal et non verbal. En collaboration avec l'orthophoniste, il peut être possible de déceler des difficultés de compréhension ou d'expression langagière. Ne pas oublier que, bien que l'enfant s'exprime verbalement, certaines situations demeurent incomprises. Il est alors nécessaire d'adapter nos façons de lui parler et de lui fournir des moyens pour s'exprimer. Nos stratégies d'intervention concernant les comportements devront donc tenir compte des difficultés réceptives et expressives de l'enfant.
- Il est également essentiel de prendre en considération la difficulté qu'ont ces enfants à comprendre les indices sociaux et émotionnels mis en jeu lors des échanges avec autrui. Chez l'enfant qui présente un trouble envahissant du développement, certaines réactions problématiques viennent d'un manque de compréhension ou d'erreurs dans le décodage et l'interprétation des émotions et des intentions d'autrui. Les comportements des enfants découlent souvent des difficultés interactives et sociales que les psychoéducateurs sont appelés à évaluer pour recommander des stratégies d'intervention.

Plus un enfant se sent compris dans ses besoins, ses particularités et ses demandes, plus il est encouragé dans ses initiatives sociales et moins on observe de comportements inadéquats. En l'aidant à comprendre ce qui l'entoure, en lui fournissant des stratégies adaptées pour se faire comprendre et mieux comprendre ce qu'on attend de lui, on voit diminuer les comportements d'opposition, d'agression, de contrôle rigide et d'anxiété et on voit augmenter sa disponibilité.

Certaines difficultés de comportement peuvent persister malgré tout et devront faire l'objet d'interventions précises. Dans certaines situations, nous pourrons utiliser des stratégies préventives pour faire en sorte de remplacer le comportement inadéquat par une attitude plus adaptée. Pour d'autres, des interventions plus individualisées devront être utilisées de manière plus constante avec le soutien direct de l'adulte.

Dans la section suivante, vous trouverez des stratégies psychoéducatives et des pistes de réflexion pour intervenir sur les principaux comportements que peuvent présenter les enfants avec un trouble envahissant du développement.

Faible tolérance aux délais

Certains enfants réagissent fortement lorsqu'une réponse tarde un peu ou lorsqu'ils doivent attendre pour obtenir ce qu'ils désirent. Ils ne comprennent pas, malgré des explications, qu'une chose refusée à l'instant peut être accordée plus tard. La notion du temps, comme plusieurs notions abstraites, est souvent difficile à intégrer pour l'enfant avec un trouble envahissant du développement. L'enfant ne semble pas se représenter la satisfaction à venir, même avec un court délai.

- Faire vivre à l'enfant des moments d'attente graduels afin qu'il intègre la notion de délai de façon confiante. Par exemple, on tarde un peu avant de répondre à sa demande. L'adulte a donc avantage à ne pas se presser pour répondre (ralentir ses mouvements), tout en indiquant à l'enfant que ce qu'il souhaite lui sera bientôt donné (par exemple, ouvrir lentement le contenant de la collation devant l'enfant). Ainsi, nous permettons à l'enfant d'anticiper la satisfaction à venir, tout en l'aidant à apprivoiser un délai raisonnable (qui peut s'allonger graduellement). Il est préférable de choisir des périodes où l'enfant est disponible pour travailler cette capacité.

- Utiliser des jeux de société que l'enfant aime, mais qui l'obligent à attendre son tour ; d'abord à deux personnes, avec un adulte de préférence, puis augmenter graduellement le nombre de participants avec la supervision de l'adulte. Dans les jeux, il est aussi possible d'introduire des moments d'attente ou des délais par des décomptes (ex.: 1, 2, 3, go !).
- Dans ces situations, il est possible d'ajouter des appuis concrets tels que des modèles visuels pour représenter la séquence des événements (horaire imagé). La minuterie ou l'horloge à cadran peuvent aussi être utilisées pour faciliter les moments d'attente et anticiper le délai. Il est aussi possible d'utiliser des modèles visuels pour lui signifier que c'est le moment d'attendre (lumière rouge, arrêt, pictogramme de la main ouverte qui signifie « attends »). Il est également possible de se servir des intérêts de l'enfant pour l'aider à patienter. Par exemple: compter, chanter, nommer les lettres de l'alphabet.

Comportements d'opposition et de rigidité

Ces comportements sont souvent observés chez les enfants qui ont de la difficulté à comprendre et à anticiper ce qu'on attend d'eux. Certains enfants manifestent beaucoup de rigidité et de contrôle en insistant pour reproduire les mêmes façons de faire dans toutes les situations. Ces enfants réagissent souvent négativement dans les nouvelles situations. Ils sont inquiets, car ils ne comprennent pas ce nouvel environnement, ils ne l'ont pas apprivoisé et ils ne savent pas comment y répondre, comment se comporter et comment s'y adapter.

Pour prévenir ces réactions, aidez l'enfant à se représenter et à anticiper le comportement attendu, l'activité à venir, le changement ou la nouveauté dans l'horaire, en lui fournissant des modèles visuels (photos, pictogrammes, dessins schématiques, code écrit). Expliquez brièvement, par des scénarios imagés ou des scènes actées (avec des petits personnages), les raisons d'un changement ou le déroulement des événements spéciaux. Puisqu'il est impossible de prévoir l'imprévisible, les situations antérieurement vécues pourront servir de référence lors d'événements subits.

- Diminuer les comportements de contrôle. Introduisez des moments où l'adulte décide et alternez avec des moments où l'enfant peut décider (ex.: un jeu de « Jean dit »). Les situations de la vie quotidienne permettent aussi de faire vivre à l'enfant des moments de décision partagée (ex.: les parents décident du repas principal et l'enfant choisit son dessert).
- Pour faciliter la compréhension de l'enfant, il est important d'identifier et de décortiquer visuellement les règles de conduite que l'enfant doit respecter ; par exemple, lister et mettre en images les règles à suivre lors du repas. On peut également utiliser des scénarios sociaux. L'enfant doit comprendre que certaines règles sont émises par les parents et qu'elles ne sont pas négociables.
- Il est possible d'utiliser des renforcements positifs formels (ex.: un privilège) ou informels (ex.: renforcement social de type félicitations ou mentions spéciales) lorsque l'enfant montre une certaine flexibilité dans ses attitudes ou lorsqu'il s'adapte aux exigences de l'environnement.

- Lorsque l'enfant ne peut respecter une demande ou des règles préétablies, il doit être prévenu des conséquences possibles, lesquelles doivent être appliquées par souci de cohérence et de constance. Il est aussi possible que l'enfant persiste dans sa rigidité ou qu'il se montre très mal à l'aise dans la situation. Il est alors possible d'assouplir les demandes tout en maintenant une exigence minimale. L'important est de boucler la situation sans céder ou provoquer une désorganisation inutile.
- Dans les activités du quotidien, introduire à l'occasion des changements ou de la nouveauté qui peuvent être acceptés par l'enfant. Ainsi, ces « situations contrôlées » de changements lui permettront de développer sa capacité d'adaptation et de faire face positivement à des imprévus qu'il peut gérer. Les situations de jeux sont aussi des occasions privilégiées pour travailler les comportements de rigidité de l'enfant. En lui proposant des façons différentes d'explorer un même matériel, nous permettons à l'enfant d'exercer sa flexibilité dans un contexte ludique et peu anxiogène.

Comportements agressifs

Il arrive que les enfants avec un trouble envahissant du développement réagissent fortement dans certaines situations par des comportements agressifs envers eux-mêmes, envers les autres, ou envers l'environnement physique ou le matériel. Ces comportements peuvent survenir parce que l'enfant vit un malaise. Il est toujours important d'observer quels peuvent être les éléments déclencheurs de ces comportements. Par exemple, l'enfant fait de grandes crises de colère lorsqu'il va dans les réunions familiales. Il peut réagir ainsi à une surcharge de stimuli (bruit, mouvement des personnes, sollicitations).

Il est également important, dans la mesure du possible, de ne pas fournir à l'enfant ce qu'il réclame par une crise ou par des comportements agressifs ; l'enfant répéterait alors le même comportement. Dans les sections précédentes, nous avons déjà expliqué et décrit plusieurs interventions visant à améliorer les capacités de communication et d'interactions qui pourront être proposées en prévention des comportements inadéquats.

Lorsque ces comportements peuvent devenir dangereux pour lui-même et pour les autres, il est important d'intervenir physiquement pour arrêter et protéger l'enfant.

- Face à un comportement inadéquat (mordre, frapper, se blesser), on signifie clairement l'interdit en disant « non » fermement tout en l'associant à l'expression faciale appropriée.
- Dès le départ, on donne une consigne claire et simple à l'enfant. Si le comportement inadéquat persiste, il faut que l'enfant subisse une conséquence concrète et de courte durée. Il est important d'être constant dans l'application des exigences et des conséquences. Pour signifier clairement que le comportement doit cesser, il est possible de:
  - faire asseoir l'enfant sur une chaise de retrait identifiée ;
  - retirer pour une courte période l'objet source de colère ;
  - nommer le motif de la conséquence ;
  - accompagner l'enfant dans ces situations en demeurant calme tout en maintenant les exigences (demander de cesser ce comportement) ;
  - dans certaines situations, des moyens concrets devront être proposés à l'enfant pour lui permettre de revenir au calme (aller se reposer dans sa chambre, regarder un livre pendant cinq minutes, dessiner sa colère sur du papier, etc.).

- Suite à la conséquence et lorsque l'enfant a retrouvé son calme, un acte de réparation est à privilégier. Par exemple, s'excuser, ramasser l'objet lancé, réparer le bris.
- En utilisant des modèles visuels, il est possible de faire un retour avec l'enfant sur la situation: séquence des événements, liens de causalité, émotions et intentions des personnes impliquées. Ceci afin de s'assurer que l'enfant a compris la situation de façon appropriée. Aider l'enfant à trouver des solutions: qu'est-ce qu'il pourrait faire la prochaine fois ?
- Se servir des scénarios imagés pour identifier et apprendre des attitudes plus adéquates à adopter face à diverses situations. Répertorier les comportements interdits et ceux acceptés face à la situation problématique. Il est aussi possible d'identifier les conséquences d'un comportement inadéquat.

En cessant les comportements inadéquats et en privilégiant les comportements appropriés, on permet à l'enfant d'intégrer une meilleure compréhension des limites à respecter dans ses interactions avec autrui et à mieux se représenter l'impact de ces comportements sur les autres.

Il n'en demeure pas moins que les interventions à faire en rapport avec ces comportements sont exigeantes et demandent une bonne dose d'énergie. Certains parents ou professionnels peuvent avoir de la difficulté à réagir face à ces comportements. Il importe de s'entourer de personnes pouvant nous soutenir dans ces situations. Dans certaines occasions, il sera préférable de demander à une autre personne d'intervenir, tout en mentionnant à l'enfant notre besoin que quelqu'un d'autre vienne agir dans la situation.

Conclusion

Dans les pages qui précèdent, nous avons présenté des interventions les plus utilisées dans notre travail avec de jeunes enfants verbaux qui présentent un trouble envahissant du développement. Ces stratégies constituent des points de repère et non des recettes à appliquer. L'intuition et le bon sens demeurent nécessaires dans l'application des stratégies proposées. L'enfant qui présente un trouble envahissant du développement est avant tout un enfant, avec ses forces et ses limites, ses caprices, son tempérament, etc. En comprenant mieux sa façon de penser et de se représenter le monde, nous pouvons mieux adapter nos façons d'intervenir auprès de lui.

Références bibliographiques

1. Mineau, S., A. Duquette, K. Elkouby, C. Jacques, A. Ménard, P.-A. Nérette et S. Pelletier. *Troubles envahissants du développement: Guide de stratégies psychoéducatives à l'intention des parents et des professionnels. Enfants non verbaux ou avec un début d'acquisition du langage.* Montréal: Éditions du CHU Sainte-Justine, 2006.

2. American Psychiatric Association. *Diagnostic and Statistical Manual of Mental Disorders,* 4th ed. Washington, DC: APA, 2000.

3. Mottron, L. *L'autisme: une autre intelligence. Diagnostic, cognition et support des personnes autistes sans déficience intellectuelle.* Sprimont, Belgique: Pierre Mardaga, 2004.

4. Prizant, B.M. « Language acquisition and communicative behavior in autism: toward an understanding of the « whole of it ». *Journal of Speech and Hearing Disorders,* 1983, 48 : 296-307.

5. Mottron, L. et J. Burack. « Enhanced perceptual functioning in the development of autism ». In Burack, Charman, Yrmiya and Zelazo. *The development of autism: perspectives from theory and research.* Mahwah: Erlbaum, Mars 2001.

6. Ménard, É. « Les troubles envahissants du développement sans déficience ». *Psychologie Québec,* mars 2007.

7. Frith, U. *Autism: Explaining the enigma.* Blackwell publishing, 2nd ed., 2003.

8. OZONOFF, S. « Components of executive function in autism and others disorders ». In J. RUSSELL, ed. *Autism as an Executive Disorder.* Oxford : Oxford University Press, 1998.

9. BARON-COHEN, S., A.M. LESLIE et U. FRITH. « Does the autistic child have a theory of mind ? » *Cognition*, 1985, 21 (1) : 37-46.

10. GRAY, C.A. (1994). *The Social Story Book,* Michigan: Jenison Public School, 1994 (traduit au Québec : *Le livre des scénarios sociaux* par BOUCHARD, C. et U. HOFF. Centre de ressource régionale d'aide en autisme, Québec, 1996).

11. GRAY, C.A. « Gray's Guide to Bullying ». *Jenison Autism Journal.* 16 (1). Available from Jenison Public School. Jenison, 2003.

Ressources

ATTWOOD, T. *Le syndrome d'Asperger et l'autisme de haut niveau.* Paris: Dunod, 2003.

BERNIER, S., M. LAMY et L. MOTTRON. *Programme d'entraînement aux habiletés sociales* (*Socio-guide*). CECOM. Hôpital Rivière-des-Prairies, 2003.

BOISJOLY, L. et S. MINEAU. « L'ergothérapie et la psychoéducation au service des jeunes enfants avec un trouble envahissant du développement: théorie et pratique ». *Revue Prisme.* Vol. 34, 2001.

CANTIN, C. et L. MOTTRON. « Pédagogie et réadaptation spécialisées pour les troubles envahissants du développement sans déficience intellectuelle ». *Revue canadienne de psychoéducation.* Vol. 33, n° 1, 2004.

DAWSON, M., I. SOULIÈRES, M. GERNSBACHER et L. MOTTRON. « The level and nature of autistic intelligence ». *Psychological Science.* Vol. 18, n° 8, 2007.

HARRISSON, B. et L. ST-CHARLES. *Guide d'intervention: L'enfant avec un TED en milieu scolaire.* Rivière-du-Loup: Concept Consulted, 2007.

JORDAN, R. et S. POWELL. *Les enfants autistes. Les comprendre, les intégrer à l'école.* Paris: Masson, 1997.

JUHEL, J.-C. *La personne autiste et le syndrome d'Asperger.* Québec: Presses de l'Université Laval, 2003.

THERMIDOR, G. *Guide d'intervention pour les parents d'enfants présentant un TED: 1. Pour commencer.* Service des communications. Hôpital Rivière-des-Prairies, 2006.

THERMIDOR, G. et R. GODBOUT. *Guide d'intervention pour les parents d'enfants présentant un TED: 2. Les troubles du sommeil.* Service des communications. Hôpital Rivière-des-Prairies, 2006.

WOLFBERG, P.J. *Peer Play and Autism Spectrum: The Art of Guiding Children's Socialization and Imagination.* Shawnee Mission: Autism Asperger Publishing Company, 2003.

FÉDÉRATION QUÉBÉCOISE DE L'AUTISME ET DES TROUBLES ENVAHISSANTS DU DÉVELOPPEMENT (FQATED) : *Trousse d'information pour les parents suite au diagnostic de trouble envahissant du développement.* Téléphone : 514 270-7386.

Vidéo (2004) : *L'autisme, un nouveau regard.* Extraits d'entretiens avec des personnes autistes sans déficience intellectuelle et Laurent Mottron. CECOM. Hôpital Rivière-des-Prairies. Pour renseignements: 514 328-3503.

Banques de pictogrammes

Banque de consignes pictographiques
Coffret aux trésors, M.E.Q., 1995
www.adaptationscolaire.org/themes/deim/documents/12pictogrammes.pdf

BoardMaker [logiciel]
Mayer-Johnson
www.mayer-johnson.com

Les pictos à Cigale
La communication par pictogramme pour personnes non verbales
http://membres.lycos.fr/cigale76/picto

Notes

Recyclé
Contribue à l'utilisation responsable des ressources forestières
www.fsc.org Cert no. SGS-COC-003153
© 1996 Forest Stewardship Council
FSC
100%

MARQUIS
Marquis imprimeur inc.

Québec, Canada
2010

Imprimé sur du papier Silva Enviro 100% postconsommation traité sans chlore, accrédité Éco-Logo et fait à partir de biogaz.

certifié
procédé sans chlore
100 % post-consommation
PERMANENT
archives permanentes
BIO GAZ ÉNERGIE
énergie biogaz